はじめに

　2013年11月中に、初の女性駐日米国大使としてキャロライン・ケネディ氏が着任する予定です。同氏は故ケネディ大統領の長女ということで知名度が高く、今回の任命は米国内外で大きな注目を集めています。

　一方、2013年11月22日はジョン・F・ケネディ大統領が悲劇の死を遂げてから50年目に当たります。米国ではそれに関連した本の刊行が数百点にも及ぶといわれていますが、歴代の大統領の中でも特別な位置づけにある彼を回顧しようとする動きは、当時を直接知る世代だけでなく、知らない世代にも見られるようです。

　本書は、こうした時機を得て、キャロライン・ケネディ氏とケネディ大統領のスピーチをお届けするものです。両氏2本ずつの演説に加え、新大使指名の背景を報じたCNNニュースを収めています。付録のCDでは両氏の生声を聴くことができますので、それぞれの息遣いとスピーチに込められた思いを味わってください。ただ、古い素材なども含まれていますから、CDにはやや音質のよくない個所も一部あります。あらかじめご了承ください。全体としては臨場感に富んだ音声がお楽しみいただけるはずです。

　特に「大統領とメディア」と題されたスピーチなどは、50年以上前の録音ということを忘れさせるのではないでしょうか。折しも秘密保護の法制化が議論されていますが、ケネディ大統領の述べたことは、今のわれわれにとっても示唆となるはずです。また、キャロライン・ケネディ氏が今後担うべき役割の大きさを考えると、その所信表明演説をわれわれが読み、聴くことの意味も大きくなります。

　本書では、実際に話されている通りの英文を掲載するとともに、丁寧な語注を付け、見やすい英日対訳形式のレイアウトにしてあります。さらに、本書ご購入者は電子書籍版（PDF）の無料ダウンロードができるようになっていますので、スマートフォンやタブレットなどにCD音声を移して外出先でもリスニングしようという方々には、特に便利です。本書のリーディングやリスニングで、英語力を向上していただけたら幸いです。

2013年11月
『English Express』編集部

◉ CD収録時間：38分11秒

- 本書の収録コンテンツは月刊英語学習誌『CNN English Express』の記事・音声を再編集したものです。
- 『CNN English Express』についての詳しい情報は下記をご覧ください。
  - ホームページ　　　http://ee.asahipress.com/
  - ツイッター　　　　http://twitter.com/asahipress_ee
  - フェイスブック　　http://www.facebook.com/CNNEnglishExpress
- CNNの番組視聴については下記をご覧ください。
  - http://www.jctv.co.jp/cnnj/
- CNNのニュースをネットで読むには下記へアクセスしてください。
  - 英語サイト　　　　http://www.cnn.com/
  - 日本語サイト　　　http://www.cnn.co.jp/

CNN name, logo and all associated elements TM and © 2013 Cable News Network. A TimeWarner Company. All rights reserved.

■ Contents

- はじめに ・・・ 01
- ケネディ家の主な人々 ・・・・・・・・・・・・・・・・・・・・・・・・・・・・・・・・・・・・・・ 04

CNNが伝えたキャロライン指名の背景 ・・・・・・・・・・・・・ [CD Track01-06] 05
CAROLINE KENNEDY: "Royal" Diplomacy

ワシントン大行進50周年演説「水は流れても川は残る」・・・ [CD Track07-10] 17
CAROLINE KENNEDY: The Water Flows On, But the River Remains

所信表明演説「父の遺志を継ぎ、日米を結ぶ」・・・・・・・・・・・ [CD Track11-20] 25
CAROLINE KENNEDY: Humbled to Carry Forward Father's Legacy

ジョン・F・ケネディ大統領就任演説 ・・・・・・・・・・・・・・・・・・・・ [CD Track21-32] 45
JOHN F. KENNEDY: Inaugural Address

ジョン・F・ケネディ「大統領とメディア」・・・・・・・・・・・・・・ [CD Track33-45] 69
JOHN F. KENNEDY: The President and the Press

- CDナレーション原稿 ・・・・・・・・・・・・・・・・・・・・・・・・・・・・・・・・・・・・・・ 95
- 電子書籍版（PDF）の入手方法 ・・・・・・・・・・・・・・・・・・・・・・・・・・・ 96

■ケネディ家の主な人々

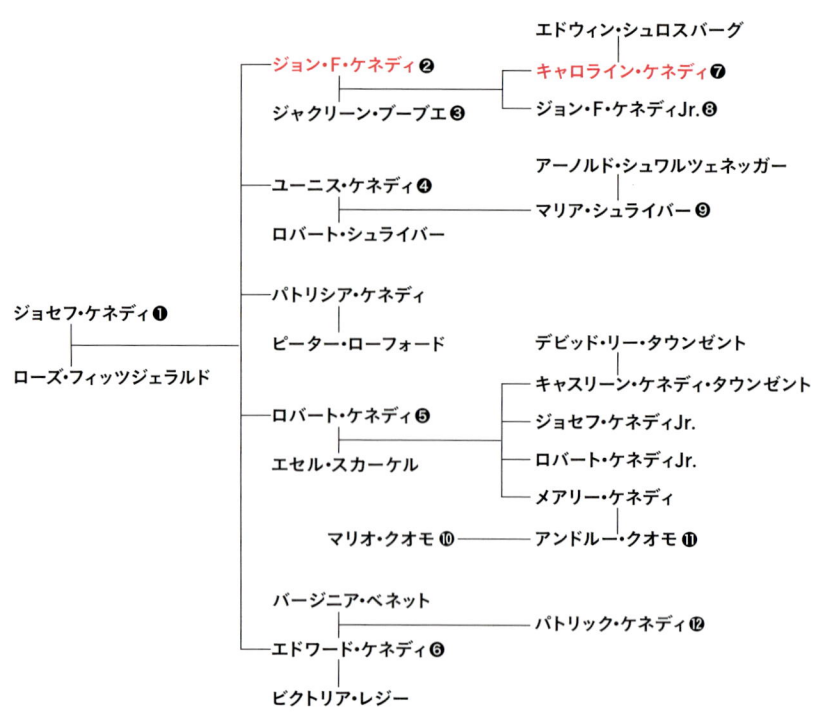

❶ジョセフ・ケネディ：1888年生まれ。アイルランド移民三世の実業家。証券取引委員会委員長、駐英国大使などを歴任。1969年没。
❷ジョン・F・ケネディ：1917年生まれ。1961年、第35代米国大統領に。その就任演説[→本書p.45]は歴史的名演説して語り継がれている。1963年11月22日、テキサス州ダラスで暗殺される。
❸ジャクリーン・ブーブエ：1929年生まれ。ケネディの死後、ギリシャの富豪オナシスと再婚し、ジャクリーン・ケネディ・オナシスとなる。1994年没。愛称ジャッキー。
❹ユーニス・ケネディ：1921年生まれ。知的発達障害のある人々に競技会などを提供する「スペシャルオリンピックス」の創設者。2009年没。
❺ロバート・ケネディ：1925年生まれ。兄の政権で司法長官を務めた後、連邦上院議員に。1968年、大統領選のキャンペーン中に暗殺される。愛称ボビー。
❻エドワード・ケネディ：1932年生まれ。1962年に史上最年少で連邦上院議員に当選。以後、2009年に亡くなるまで上院議員であり続けた。愛称テディ。
❼キャロライン・ケネディ：1957年生まれ。弁護士、作家。ケネディ記念図書館館長、ハーバード大学ケネディ・スクール顧問なども務める。2013年10月、駐日大使任命が上院で承認され、同年11月中に着任予定[→本書p.25]。
❽ジョン・F・ケネディJr.：1960年生まれ。政治雑誌の発行人を務め、将来の大統領を嘱望されていたが、1999年に自家用飛行機で事故死。
❾マリア・シュライバー：1955年生まれ。ジャーナリスト、作家。元テレビキャスター。俳優シュワルツェネッガーと結婚するが、のちに離婚。
❿マリオ・クオモ：1932年生まれ。元ニューヨーク州知事。
⓫アンドルー・クオモ：1957年生まれ。クリントン政権で住宅都市開発長官を務める。
⓬パトリック・ケネディ：1967年生まれ。元連邦下院議員。

CNNが伝えたキャロライン指名の背景

CAROLINE KENNEDY:

"Royal" Diplomacy

ルース大使が4年間の駐在を終えて離日するのを間近に控えた2013年7月24日、
ホワイトハウスは、後任にキャロライン・ケネディ氏を充てると発表した。
故ケネディ大統領の長女である同氏は、知名度は高いものの、
政治的実績はほとんどなく、外交手腕は未知数といえる。
そのため、今回のオバマ大統領の起用は選挙応援の論功行賞にすぎない、
という冷めた見方がある一方、米国で最も華麗な血筋に期待する声も大きい。

放送日：2013年7月25日（日本時間）
CD収録時間：2分5秒

写真：AP/アフロ

CAROLINE KENNEDY: "Royal" Diplomacy

■米国の名門政治家一族出身

　Meanwhile, the U.S. president, Barack Obama, has tapped a staunch supporter, and member of an iconic American political family, to serve as the U.S. ambassador to Japan. This is an appointment that has a lot of firsts attached to it. For starters, if she is confirmed, she will be the first woman to hold that position. World affairs correspondent Jill Dougherty has a look at a very familiar face and name.

---

royal:
《タイトル》王室の、王族の
diplomacy:
《タイトル》外交
meanwhile:
一方、話変わって

tap:
～を選ぶ、指名する　▶原義は「(肩などを)ポンとたたく」。
staunch:
忠実な、信頼できる
supporter:
支持者、支援者

iconic:
偶像的な、象徴的な
political:
政治にかかわる、政治的な
serve as:
～として働く、～を務める

CNNが伝えた
キャロライン指名の背景

　ところで、バラク・オバマ米大統領は、自身の忠実な支持者であり、米国の名門政治家一族出身の人物を駐日米国大使のポストに指名しました。この任命には「初めてのこと」がたくさん付随しています。まず第一に、承認されれば、彼女は女性として初の駐日米国大使となります。国際問題担当のジル・ドーティ記者が、顔も名前もおなじみのこの人物についてお伝えします。

ambassador to: 〜への大使、駐〜大使 **appointment:** 任命、指名 **first:** ①初めてのこと　②最初の **(be) attached to:** 〜に付随する、伴う	**for starters:** まず第一に、手始めに **confirm:** 〜を追認する、正式に承認する **hold a position:** 地位に就く	**world affairs:** 世界情勢、国際事情 **correspondent:** 特派員、通信記者 **have a look at:** 〜を見る **familiar:** よく知られた、おなじみの

CAROLINE KENNEDY: "Royal" Diplomacy

■ジョン・F・ケネディ夫妻の子供で唯一の生存者

There's nothing new about presidents nominating friends or campaign contributors as ambassadors, but when it's a Kennedy, it raises it to another level. Her family name is as close to royalty as it gets in American politics—Caroline Kennedy, the only living child of slain president John F. Kennedy and his Camelot wife Jackie.

nothing new: 目新しくはない、珍しくもない **nominate A as B:** AをBに指名する、任命する **campaign:** 選挙運動 **contributor:** 貢献者、功労者	**raise A to B:** AをBまで引き上げる、高める **as...as it gets:** この上なく…である、極めて…である **be close to:** 〜に近い	**royalty:** 王室、王族 **politics:** 政治、政治学 **slain:** 殺された、殺害された ▶slay の過去分詞。過去形は slew。

CNNが伝えた
キャロライン指名の背景

　大統領が親しい人物や選挙の功労者を大使に指名するのは今に始まったことではありませんが、それがケネディ家の一員となると、また別の次元の話になります。（ケネディ家という）彼女の家名は、米国の政界においてはこの上なく王室に近い響きを持っています——キャロライン・ケネディ氏は、暗殺されたジョン・F・ケネディ大統領と、彼とともに華やかな時代を象徴する妻ジャッキーとの間の子供で、唯一の生存者なのです。

John F. Kennedy:	Camelot:	Jackie:
ジョン・F・ケネディ　▶第35代アメリカ大統領（在任1961-1963年）。43歳の若さで大統領になり、その強いメッセージと実行力により国民から絶大な支持を得たが、1963年にダラスで暗殺された。	キャメロット　▶中世伝説のアーサー王の王国ログレスの首都。そこから「華やかで魅力ある時代」、特に米国のケネディ政権時代を指す。	ジャッキー　▶ケネディ大統領夫人であったジャクリーンの愛称。未亡人になった後、ギリシャの海運王アリストテレス・オナシス氏と再婚しジャクリーン・ケネディ・オナシス (Jacquline Kennedy Onasis) となる。

 Track 04

Caroline Kennedy: "Royal" Diplomacy

■オバマ大統領の当選に貢献

"I've never had a candidate who inspires me the way that people say that my father inspired them, but I do now, and his name is Barack Obama." (Caroline Kennedy, in a 2008 speech)

For most of her life, she shunned the spotlight, but in 2008, she endorsed Barack Obama, and was a national cochairperson of his 2012 campaign.

Now, he's nominated her to serve as his ambassador to Japan, an important ally in a crucial economic region.

candidate: 候補、候補者 **inspire:** 〜を鼓舞する、〜の気持ちを動かす	**the way that:** 《副詞的》〜であるようなやり方で、〜ふうに **shun:** 〜を避ける、遠ざける	**the spotlight:** 大勢の注目、脚光 **endorse:** 〜を支持する、推薦する

CNN が伝えた
キャロライン指名の背景

　「これまでの候補者に、父が国民を熱くさせたと話に聞いていたような形で私の心を動かす人はいませんでしたが、今、私はそういう人物に出会ったのです。その名はバラク・オバマです」(キャロライン・ケネディ　2008年の応援演説で)
　人生の大半において彼女は注目を浴びるのを避けてきましたが、2008年、彼女はバラク・オバマ氏に対する支持を表明し、2012年の選挙キャンペーンでは、同氏の選挙対策本部の全米共同議長を務めました。
　そして今、大統領は、彼女を駐日大使のポストに指名していますが、日本は極めて重要な経済地域における大事な同盟国です。

| cochairperson:
共同議長、共同委員長　▶米大統領選挙の用語で、ひとつの選挙対策本部にこの役職を務める人が数十人いることもある。 | ally:
同盟国
crucial:
極めて重要な、重大な | economic:
経済の、経済的な
region:
地域、圏 |

Caroline Kennedy: "Royal" Diplomacy

■政治経験はないが家名が後押し

　She did come close to running for Hillary Clinton's New York Senate seat, the same one her uncle, Robert Kennedy, held until he was assassinated, but she quickly withdrew, citing personal reasons.

　Caroline Kennedy, now 55, has written 10 books; she heads the Kennedy Presidential Library foundation; she's a lawyer and mother of three. Kennedy has little diplomatic or government experience, but her family legacy could help make the case for her nomination.

come close to doing: 〜しそうになる、〜しかかる **run for:** 〜に出馬する、立候補する **Senate:** （米国などの議会の）上院 **seat:** 議席、座	**Robert Kennedy:** ロバート・ケネディ　▶ジョン・F・ケネディの実弟で、ケネディ政権下で司法長官を務め、兄の暗殺後はニューヨーク州の上院議員となる。1968年、民主党の大統領候補指名選の最中に暗殺された。	**assassinate:** 〜を暗殺する **withdraw:** 身を引く、降りる **cite:** 〜を挙げる、引き合いに出す **personal reasons:** 個人的な理由、一身上の都合

CNNが伝えた
キャロライン指名の背景

　彼女はヒラリー・クリントン氏の後継を選ぶニューヨーク州の上院選にもう少しで出馬するところまでいきました。それは叔父、ロバート・ケネディ氏が暗殺されるまで就いていたのと同じ議席ですが、彼女は一身上の理由によると言ってすぐに出馬を撤回しました。

　キャロライン・ケネディ氏は現在55歳で、10冊の著作があり、ケネディ大統領記念図書館財団の理事長を務めています。弁護士であり、3人の子供の母親です。ケネディ氏には、外交経験および政治経験はほとんどありませんが、ケネディ家の一員として彼女が受け継いでいるものは彼女の指名を援護する一助となるでしょう。

---

head:
〜を率いる、〜の長である
Kennedy Presidential Library foundation:
= John F. Kennedy Library Foundation　ケネディ大統領記念図書館財団

lawyer:
弁護士、法律家
diplomatic:
外交の、外交上の
government:
行政の、政治の
experience:
経験、体験

legacy:
遺産、受け継いだもの
make a case for:
〜を論証する、〜について賛成論を展開する
nomination:
指名、任命

 Track 06

Caroline Kennedy: "Royal" Diplomacy

■日米関係にプラスに働くか

If Caroline Kennedy is confirmed by the Senate as ambassador to Japan, it also would be a plus for the U.S.-Japanese relationship, the Japanese foreign ministry noting in a statement she has the deep confidence of President Obama.

Jill Dougherty, CNN, the State Department.

plus: 恩恵、メリット relationship: 関係	foreign ministry: 外務省	note (that) : 〜ということに特に言及する

CNN が伝えた
キャロライン指名の背景

　キャロライン・ケネディ氏が上院で駐日大使として承認されれば、日米関係にとってもプラスに働くでしょう。日本の外務省も声明で述べていますが、彼女はオバマ大統領の信頼が厚いのですから。

　CNNのジル・ドーティが国務省からお伝えしました。

（訳　足羽万輝子）

statement: 声明、公の場での発言	have the confidence of: ～の信任を得ている、～に信頼されている	the State Department: （米国）国務省

ワシントン大行進50周年演説「水は流れても川は残る」

CAROLINE KENNEDY:

The Water Flows On, But the River Remains

1963年8月28日、米国の首都ワシントンのリンカーン記念館前にある広場は、「ワシントン大行進」に参集した20万の人々で埋め尽くされた。キング博士が「私には夢がある」と演説したことでも知られるこの日からちょうど50年を経た2013年8月28日、記念式典の演壇では、駐日大使に正式指名されたばかりのキャロライン・ケネディ氏が、われわれが公民権運動を引き継ぐ番だと、日本の格言も織り交ぜながら訴えた。

実施日:2013年8月28日(現地時間)
場所:首都ワシントン「リンカーン記念館」前
本書収録:全文を収録　CD収録時間:1分54秒
写真:AP/アフロ

Track 08
CAROLINE KENNEDY:
The Water Flows On, But the River Remains

■父はキング博士の側に立っていた

 Thank you, Lynda Johnson Robb.
 Good afternoon.
 Fifty years ago, my father watched from the White House as Dr. King and thousands of others recommitted America to our highest ideals. Over the preceding months, President Kennedy had put the full force of the federal government on the side of the movement, calling on all Americans to recognize that we faced a moral crisis as old as the Scriptures and as clear as the American Constitution.

---

flow on:
《タイトル》ずっと流れる、流れ続ける
remain:
《タイトル》そのままである、残る

Lynda Johnson Robb:
リンダ・ジョンソン・ロブ ▶リンドン・ジョンソン第36代米国大統領の長女。このワシントン大行進50周年式典でキャロライン・ケネディの前にスピーチを行った。

Dr. King:
キング博士 ▶ワシントン大行進を率いたマーティン・ルーサー・キング牧師。1964年にノーベル平和賞を受賞。
thousands of:
何千(何万・何十万)もの、多数の

ワシントン大行進50周年演説
「水は流れても川は残る」

　リンダ・ジョンソン・ウェブさん、ありがとうございました。
　こんばんは。
　50年前、私の父がホワイトハウスから見守っていたのは、キング博士をはじめとした何十万もの人々がアメリカを再び至高の理想へ導こうと力の限りを尽くす姿でした。それに先立つ数カ月の間、ケネディ大統領は連邦政府の持てる力すべてをその運動の側に注ぎ、全アメリカ国民に呼びかけて、聖書並みに古くアメリカ合衆国憲法並みに明確な道徳的危機にわれわれが直面していることを、認識させようとしていました。

---

recommit A to B:
AをBに至らせようと再び尽力する
ideal:
理想
preceding:
前の、以前の
put the force on:
〜に力を注ぐ、尽力する
federal government:
連邦政府
movement:
運動
call on...to do:
…に〜するように訴える、呼びかける
recognize that:
〜であると認める、認識する
face:
〜に直面する、立ち向かう
moral:
道徳的な、倫理上の
the Scriptures:
聖書
the American Constitution:
アメリカ合衆国憲法

CAROLINE KENNEDY:
The Water Flows On, But the River Remains

■自由で公正なアメリカの構築は終わっていない

　His brothers, my uncles Bobby and Teddy, [and] my aunt Eunice continued his commitment, working to expand the promises made here to others suffering from discrimination and exclusion. A few months ago, after the Trayvon Martin verdict was handed down and the Supreme Court eviscerated the Voting Rights Act, President Obama did the same, reminding us all that despite our remarkable progress, each generation must rededicate itself to the unfinished work of building a free and just America.

| Bobby:
ボビー　▶ジョン・F・ケネディの弟ロバートの愛称。ケネディ政権の司法長官を務めた。1968年に暗殺される。
Teddy:
テディ　▶ジョンおよびロバート・ケネディの弟エドワードの愛称。1963年から2009年に亡くなるまで連邦上院議員を務めた。 | Eunice:
ユーニス　▶ジョンの妹でロバートやエドワードの姉にあたるユーニス・ケネディ。
continue:
〜を続ける、継続する
commitment:
責任を持っての取り組み、公約 | expand A to B:
AをBまで広げる、拡大する
make a promise:
約束をする
suffer from:
〜に悩まされる、苦しむ
discrimination:
差別
exclusion:
排除、拝斥 |

ワシントン大行進50周年演説
「水は流れても川は残る」

　ケネディ大統領の弟で私の叔父にあたるボビーとテディ、そして私の叔母にあたるユーニスは、大統領の取り組みを引き継ぎ、この場所で成された約束を差別と排除に苦しむ他の人々にまで広げようと努力しました。数カ月前、トレイボン・マーティン裁判に評決が下されて最高裁判所が投票権法を骨抜きにしてしまった後、オバマ大統領が行ったのも同様のことでした。目覚ましい進歩があったとはいえ、自由で公正なアメリカを築くという事業は終わったわけではなく、各世代が改めて尽力しなくてはならない、ということを全国民に再認識させたのです。

Trayvon Martin:
トレイボン・マーティン　▶2012年2月に自警団員に射殺されたフロリダ州の黒人高校生。翌年7月に無罪評決が出ると、人種差別として抗議の声が広がった。
hand down a verdict:
評決を下す、裁決する
the Supreme Court:
最高裁判所
eviscerate:
〜を骨抜きにする
the Voting Rights Act:
投票権法　▶人種などに基づく投票権の侵害を禁止する米国連邦法。1965年に成立。
remind A B:
AにBを思い出させる
despite:
〜にもかかわらず
remarkable:
注目すべき、見事な
progress:
進歩、発展
rededicate oneself to:
改めて〜に専念する、打ち込む
unfinished:
終わっていない、未完成の
just:
正しい、公正な

Caroline Kennedy: The Water Flows On, But the River Remains

■今度はわれわれの番

　Fifty years ago, our parents and grandparents marched for jobs and freedom. We have suffered and sacrificed too much to let their dream become a memory. The children in our failing schools are all of our children. The victims of hate crimes and gun violence are our brothers and sisters.

　In the words of an old Japanese proverb, the water flows on, but the river remains. Now, it's our turn to live up to our parents' dream, to draw renewed strength from what happened here 50 years ago and work together for a better world.

　Thank you.

march for: 〜を求めて行進する、デモ行進する **sacrifice:** 犠牲になる **their dream:** ▶ワシントン大行進でキング博士が行った有名な演説「私には夢がある」(I Have a Dream) にちなんでdreamという語を用いている。	**memory:** 思い出、過去の記憶 **failing:** 失敗した、問題のある **victim:** 犠牲、犠牲者	**hate crime:** ヘイトクライム、憎しみによる犯罪　▶特定の属性を有する個人や集団に対する偏見や憎悪が元で引き起こされる犯罪行為。 **gun violence:** 銃による暴力 **in the words of:** 〜の言葉を借りれば、〜によると

ワシントン大行進50周年演説
「水は流れても川は残る」

　50年前、われわれの親たちや祖父母たちは職と自由を求めて行進しました。われわれは、彼らの夢を思い出にするために、大きすぎる苦しみを受け、大きすぎる犠牲を払ってきました。問題のある学校に在籍する子供たちも、みな、われわれの子供たちなのです。ヘイトクライムや狙撃事件の犠牲者は、われわれの兄弟姉妹です。

　古い日本のことわざによると、水は流れても川は残ります。今、われわれの親たちの夢をかなえ、50年前にこの場所で行われたことから新たな力を引き出し、より良い世界のために協力し合うのは、われわれの番なのです。

　ご清聴ありがとうございました。

(訳　編集部)

---

proverb:
ことわざ、格言
The water flows on, but the river remains.:
▶「流れ(運動)の担い手は移り変わっても、いったん出来上がった大きな流れ(運動)は止まらず続く」の意と思われるが、出典不詳。『方丈記』の「ゆく河の流れは絶えずして、しかももとの水にあらず」の一節が想起されるが、メディアやネット上では、文意の違いを指摘する声も多い。昭和21年に金森徳次郎大臣が帝国議会で行った憲法関連の答弁中の「例ヘバ水ハ流レテモ川ハ流レナイノデアル」が元とする見方もある(安岡孝一氏ら)。
turn:
番、順番
live up to:
(期待などに)かなう、応える
draw A from B:
AをBから引き出す、取り出す
renewed:
更新された、新たな
strength:
強さ、力
work together:
一致協力する、協力し合う

所信表明演説「父の遺志を継ぎ、日米を結ぶ」

CAROLINE KENNEDY:

Humbled to Carry Forward Father's Legacy

米国では、大統領による大使などの指名人事は連邦上院の承認を必要とする。
駐日大使に指名されたキャロライン・ケネディ氏も、
上院外交委員会に呼ばれ、承認のための証言と質疑応答に臨んだが、
厳しい質問を浴びることもなく、後日、全会一致の承認を得る。
ここでは、日本と父ケネディ大統領との、そして自身との関わりに触れつつ、
日米をとりまく問題について包括的な抱負を述べた所信表明を紹介する。

実施日：2013年9月19日（現地時間）
場所：首都ワシントン「連邦議会議事堂」内
本書収録：全文（質疑応答などは除く）を収録　CD収録時間：6分33秒
写真：ロイター／アフロ

CAROLINE KENNEDY:
Humbled to Carry Forward Father's Legacy

■この要職に指名してくれた大統領に感謝します

Mr. Chairman, Ranking Member Corker, members of the Committee, Senator Schumer, Senator Gellibrand:

It's an honor to appear before you this morning as the president's nominee to serve as the United States ambassador to Japan. I appreciate the confidence that President Obama and Secretary Kerry have shown in nominating me for this important position, and I'm grateful for the consideration of this distinguished committee.

(be) humbled to do:
《タイトル》謙虚な気持ちで〜する、〜することに恐縮する
carry forward:
《タイトル》〜を推進する
legacy:
《タイトル》遺産、残された物

ranking member:
幹部委員
committee:
委員会　▶ここでは上院外交委員会のこと。
senator:
(米国などの) 上院議員

honor:
栄誉、名誉
appear before:
〜の前に姿を現す、〜に出席する
nominee:
指名された人

所信表明演説
「父の遺志を継ぎ、日米を結ぶ」

　(メネンデス上院外交)委員長、コーカー筆頭委員、委員の皆さん、シューマー上院議員、ならびにジリブランド上院議員。

　大統領から駐日米国大使の指名を受けた者として、本日、皆様方にお目見えすることを光栄に思います。オバマ大統領とケリー国務長官が私を信頼してこの要職に指名してくださったことに感謝し、また、この栄えある外交委員会で私の指名をご検討いただくことにも感謝申し上げます。

---

serve as:
～を務める
ambassador to:
～への大使、駐～大使
appreciate:
～を感謝する

confidence:
信頼、信用
Secretary Kerry:
(ジョン・)ケリー国務長官
nominate A for B:
A(人)をB(あるポスト)に指名する

be grateful for:
～に感謝している
consideration:
考慮、検討
distinguished:
名高い、著名な

Caroline Kennedy: Humbled to Carry Forward Father's Legacy

■承認されたならば、日米関係を強化していく

I appreciate the opportunity to be here today to answer your questions and hear firsthand your thoughts and concerns about our essential relationship with Japan. If confirmed, I look forward to working with the committee and with other members of Congress to advance the interests of the United States, protect the safety of our citizens, and strengthen the bilateral relationship for the benefit of both our countries.

I would also like to thank my family for their support throughout this process and their enthusiasm for this mission. My husband Ed is here along with two of my three children, my daughter Tatiana and my son Jack. And I'm so pleased that my aunt Vicki could be here this morning as well. She carries with her every day the spirit of my uncle Teddy, whose devotion to this institution, to his colleagues and our country was an inspiration to all of us.

---

opportunity:
機会、好機
firsthand:
直接、じかに
thought:
考え、見解
concern:
心配、懸念
essential:
欠かせない、極めて重要な

relationship:
関係
confirm:
〜を追認する、正式に承認する
look forward to doing:
〜することを楽しみにする
congress:
（米国などの）議会、国会
advance:
〜を促進する

interests:
利益
protect:
〜を守る、保護する
strengthen:
〜を強化する
bilateral:
2国間の
benefit:
①利益　②利益を得る

所信表明演説
「父の遺志を継ぎ、日米を結ぶ」

　本日はこのような機会を与えていただき、ありがとうございます。皆様からの質問に答え、大変重要な日本との関係に関する、皆様方の考えや懸念を直接伺えることに感謝申し上げます。(駐日米国大使として) 承認されたならば、私は外交委員会をはじめとする連邦議会の議員の皆と協力して、米国の国益を推進し、米国民の安全を守り、日米両国のために2国間関係を強化していく所存です。

　また、この承認手続きの間ずっと私を支え、大使の任務に強い関心を寄せてくれている私の家族にも感謝したいと思います。夫のエド、そして3人の子供たちのうちの2人、娘のタチアナと息子のジャックがここに同席しています。そして、大変うれしいことに、今朝は叔母のビッキーも出席してくれています。彼女は今も叔父テディの魂に寄り添いながら日々を送っていますが、この上院に尽くし、同僚であった上院議員の皆さんと国家に尽くした叔父テディの姿は、私たち皆を鼓舞するものでした。

---

throughout:
〜の間じゅう
enthusiasm:
熱心さ、熱中
mission:
任務、使命
along with:
〜と一緒に
be pleased that:
〜であることがうれしい

Vicki:
ビッキー　▶故エドワード・ケネディ上院議員の妻ビクトリアの愛称。
as well:
同様に、また
A carries with A B:
AがBを持ち歩く、Bを身につけている

Teddy:
テディ　▶エドワードの愛称。
devotion:
献身
institution:
機関、院
colleague:
同僚
inspiration:
刺激、鼓舞

CAROLINE KENNEDY:
Humbled to Carry Forward Father's Legacy

■謙虚な気持ちで前任者たちの跡を継ぎたい

I'm humbled to be following in the footsteps of some of Congress's most distinguished members: Senator Mansfield, Vice President Mondale, Speaker Foley and Senator Baker. If confirmed, I will try every day to live up to the standard they set in representing the United States and advancing our relationship with Japan. I am also grateful to Ambassador Tom Schieffer and especially to Ambassador John Roos and Susie Roos for their generous advice and wisdom.

I would also like to acknowledge Ambassador Sasae from the Embassy of Japan, who is himself a distinguished diplomat and has been a steadfast friend to the United States.

follow in the footsteps of: 〜の跡を継ぐ **(Mike) Mansfield:** （マイク・）マンスフィールド ▶第33代駐日大使（1977-1988年）。 **(Walter) Mondale:** （ウォルター・）モンデール ▶第42代副大統領（1977-1981年）、第35代駐日大使（1993-1996年）。	**Speaker:** = Speaker of the House 下院議長 **(Tom) Foley:** （トム・）フォーリー ▶第36代駐日大使（1998-2001年）。 **(Howard) Baker:** （ハワード・）ベーカー ▶第37代駐日大使（2001-2005年）。	**live up to:** （基準・期待などに）沿う、かなう **set the standard:** 基準を設ける、定める **represent:** ①〜を代表する ②〜を体現する

所信表明演説
「父の遺志を継ぎ、日米を結ぶ」

　私は謙虚な気持ちで、連邦議会の中でも最も優れた（駐日大使を務められた）方々の跡を継ごうとしています。すなわち、マンスフィールド上院議員、モンデール副大統領、フォーリー下院議長、そしてベーカー上院議員です。承認されたならば、米国を代表して日米関係を推進するにあたり、この方々が達成された水準に到達できるよう、日々努力を重ねます。またトム・シーファー大使には、そしてとりわけジョン・ルース大使とスージー・ルース夫人には、助言と見識を惜しみなく与えてくださったことに感謝します。

　また、日本大使館から、ご自身も素晴らしい外交官であり、長年にわたり変わらず米国の友人である佐々江大使がご出席くださっていることをお知らせしたいと思います。

Tom Schieffer:
トム・シーファー　▶第38代駐日大使（2005-2009年）。
especially:
特に、とりわけ
John Roos:
ジョン・ルース　▶第39代駐日大使（2009-2013年8月）。
generous:
惜しみない、寛大な
wisdom:
知恵、英知
acknowledge:
〜を公式に認める、公知させる
embassy:
大使館
diplomat:
外交官
steadfast:
不動の、揺るぎない

Caroline Kennedy: Humbled to Carry Forward Father's Legacy

■外国で自国を代表する以上の名誉はない

I can think of no greater honor than to represent my country abroad. I've spent my career working to make American history and ideals accessible to the widest possible audience and, in particular, to younger generations. As president of the Kennedy Library, I'm proud that my father became the first "digital" president when we made his papers available online around the world.

As chair of Harvard's Institute of Politics, I've worked to train new generations of leaders to pursue careers in public service, and expand international opportunities for students.

---

think of:
〜を考えつく、思いつく
spend...doing:
〜して…を費やす、浪費する
career:
職業、職歴
ideal:
理想

accessible to:
〜にとって身近な、入手しやすい
possible:
潜在的な、なりうる
audience:
聴衆、受講生

in particular:
特に、とりわけ
Kennedy Library:
ケネディ記念図書館　▶米国では各大統領の引退後、記念図書館が設立されるのが慣例。

所信表明演説
「父の遺志を継ぎ、日米を結ぶ」

　外国で自分の国を代表する以上の名誉は考えられません。私はこれまで、米国の歴史と理想をできるだけ幅広い人々、特に若い世代の人々に知ってもらう仕事に取り組んできました。ケネディ記念図書館館長として、父に関係する文書を世界中からオンラインで閲覧できるようにしたことで、父が最初の「デジタル」大統領となったことを誇らしく思います。

　ハーバード大学公共政策大学院の上級諮問委員会委員長としても、次世代のリーダーたちを教育して公共サービス分野のキャリアを追求できるようにし、学生たちの国際的な機会を増やそうと尽力してきました。

be pround that 〜であることを誇りに思う **paper:** 文書 **available:** 利用可能な **chair:** ＝chairperson　委員長	**Harvard's Institute of Politics:** ハーバード大学公共政策大学院 ▶John F. Kennedy School of Government（ケネディ行政大学院）を指す。 **train:** 〜を訓練する、教育する	**pursue:** 〜を追求する **public service:** 公への奉仕、公共のための仕事 **expand:** 〜を拡大する

Caroline Kennedy: Humbled to Carry Forward Father's Legacy

■次世代育成の経験を生かし、日米の若者のきずなを強化したい

In my books on the Bill of Rights and the right to privacy, I sought to engage young audiences in the debate over our fundamental rights and give them the tools and understanding to advance and defend our liberties.

For the past 10 years, I've been working with the New York City public schools on education reform efforts. In a school system where students speak more than 130 languages at home, I worked to increase individual literacy, cultural awareness, college access, arts education and international exchange programs. I saw the power of public-private partnerships to leverage involvement and results, and, if confirmed, I look forward to building upon those experiences to strengthen the ties between young people in Japan and the United States.

Bill of Rights:
《米》権利章典
right to privacy:
プライバシー権
seek to do:
〜しようとする、しようと努める
▶seek の過去・過去分詞形は sought。
engage A in B:
A（人）をBに参加させる

debate over:
〜をめぐる討論、議論
fundamental:
基本的な、根本的な
tool:
道具、手段
defend:
〜を守る、擁護する

liberty:
（束縛からの）解放、自由
education reform:
教育改革
effort:
努力、取り組み
increase:
〜を高める、向上させる

所信表明演説
「父の遺志を継ぎ、日米を結ぶ」

　私は権利章典やプライバシー権に関する著作の中で、基本的権利についての議論に若者たちを引き込み、必要な手段と理解を彼らに提供して自由の推進と保護に努めました。

　私は過去10年間、ニューヨーク市の公立学校と協力して教育改革に取り組んできました。生徒たちが家庭で話す言語の数が130を超えるような学校制度において、各人の読み書き能力の向上、文化に対する意識の向上、大学の入学機会の拡大、芸術教育や国際交流プログラムの強化に尽力してきました。私は、官民パートナーシップの力が人々の参加を大いに促し成果を挙げるのを見てきたので、承認されたならば、そうした経験に基づいて事を進め、日米の若者のきずなを強化できることを楽しみにしています。

---

literacy:
識字能力、読み書きの能力
cultural awareness:
文化に対する意識
access:
利用する機会、権利
international exchange program:
国際交流事業

public-private:
官と民の間の
partnership:
提携、協力
leverage:
～にてこ入れする、～を活用しやすくする
involvement:
(集団の活動への) 関与、参加

result:
結果、成果
build on/upon:
～に基づいて事を進める
ties:
つながり、結びつき

Caroline Kennedy: Humbled to Carry Forward Father's Legacy

■父が体現していた理想を堅持する責任がある

And finally, this appointment has a special significance as we commemorate the 50th anniversary of my father's presidency. I'm conscious of my responsibility to uphold the ideals that he represented: a deep commitment to public service, a more just America and a more peaceful world. As a World War II veteran who served in the Pacific, he had hoped to be the first sitting president to make a state visit to Japan. If confirmed as ambassador, I would be humbled to carry forward his legacy in a small way and represent the powerful bonds that unite our two democratic societies.

appointment: 任命、指名 **significance:** 意義、重要性 **commemorate:** 〜を記念する **anniversary:** 記念日、周年	**presidency:** 大統領の職 **be conscious of:** 〜を意識している、自覚している **uphold:** （伝統・主義などを）維持する、堅持する	**commitment to:** 〜への強い責任感、献身 **just:** 公正な、公平な **World War II:** 第二次世界大戦

所信表明演説
「父の遺志を継ぎ、日米を結ぶ」

　最後になりますが、この指名は特別な意味を持ちます。というのは、今年は父が大統領の職にあったときから50年目にあたるためです。私は、父が体現していた理想を堅持する責任があることを自覚しています。その理想とは、公務に深く献身し、より公正な米国とより平和な世界の実現に献身的に取り組むことです。第二次世界大戦中に太平洋で兵役についた退役軍人だった父は、現職大統領として初の日本公式訪問を望んでいました。私が大使として承認されたならば、父の遺志をささやかながら受け継ぎ、2つの民主主義国家を結びつける強いきずなを代表することに、謙虚な気持ちで取り組みます。

veteran: 退役軍人	**sitting:** 現職の	**bond:** 結びつき、きずな
serve: 軍務に就く	**make a state visit to:** 〜を公式訪問する	**unite:** 〜を結びつける
the Pacific: 太平洋	**in a small way:** 少しでも、わずかながら	**democratic:** 民主主義の

CAROLINE KENNEDY:
Humbled to Carry Forward Father's Legacy

■日本以上に赴任したい国はない

　I can think of no country in which I would rather serve than Japan. I first visited in 1978 with my uncle, Senator Kennedy, and was deeply affected by our visit to Hiroshima. Our countries are bound by deep political, economic, cultural and strategic ties, and our partnership has a global reach. The United States and Japan share a commitment to freedom, human rights and the rule of law. Japan is the world's third-largest economy, our fourth-largest trading partner and the second-largest source of foreign direct investment in the United States.

　Japan is home to 50,000 U.S. troops, the Seventh Fleet, and 170,000 American citizens. As the United States rebalances toward Asia, our alliance with Japan remains the cornerstone of peace, stability and prosperity in the region, as it has been for more than 50 years. If confirmed, I will work closely with the leadership in the U.S. military to further strengthen our bilateral security relationship.

---

would rather do in A than (in) B: BよりもむしろAで〜したい	**strategic:** 戦略的な	**rule of law:** 法の支配
Senator Kennedy: （エドワード・）ケネディ上院議員　▶在任は1963-2009年。	**global:** 地球規模の、世界的な	**trading partner:** 貿易相手国
be affected by: 〜の影響を受ける、感化される	**reach:** 届く範囲	**source:** 源、出所
be bound by: 〜に結ばれている	**freedom:** 自由	**direct investment:** 直接投資
	human rights: 人権	**be home to:** 〜の所在地である、〜が存在する

所信表明演説
「父の遺志を継ぎ、日米を結ぶ」

　日本以上に私が（大使として）赴任したい国はありません。1978年に叔父の（エドワード・）ケネディ上院議員とともに初めて日本を訪れ、広島を訪問して深く心を動かされました。日米両国は、政治的、経済的、文化的、戦略的きずなで深く結びついており、日米のパートナーシップの影響は全世界に及びます。アメリカと日本は自由、人権、法の支配を守る決意を共有しています。日本は世界第3位の経済大国であり、米国の貿易相手国としては第4位、対米直接投資では世界第2位です。

　日本には5万人の米軍兵士が駐留し、米国第7艦隊の基地があり、17万人の米国民が暮らしています。米国がアジアに対するリバランス政策を進める中でも、過去50年以上そうであったように、日米同盟は依然として地域の平和、安定、繁栄の礎です。承認されたならば、米軍指導部と緊密に協力して、日米の安全保障関係をさらに強化していきます。

troops: 軍隊	**alliance:** 同盟	**closely:** 密接に、念入りに
the (U.S.) Seventh Fleet: 米第7艦隊	**cornerstone:** 土台、礎石	**leadership:** 《集合的》（ある集団の）指導者層、首脳部
rebalance: バランスを再調整する　▶ここでは、アジア太平洋地域への戦力配分の見直しを指す。	**prosperity:** 繁栄、隆盛	**further:** より一層、さらに
	stability: 安定	**security:** 安全保障

Caroline Kennedy: Humbled to Carry Forward Father's Legacy

■今は日米関係の歴史において重要な時期

At the same time, Japan is an indispensable partner in promoting democracy and economic development in the region, as well as in global humanitarian efforts and peacekeeping. These are areas I care deeply about, and, if confirmed, I will work to further strengthen this critical partnership at a vital moment in its history.

This is indeed an important moment in the history of U.S.-Japan relations. Japan is enjoying a period of political stability and economic renewal and is eager to increase trade and investment with the United States. If confirmed, I look forward to working with American business to expand and promote American exports trade and support initiatives such as the Trans-Pacific Partnership.

indispensable: 不可欠の、なくてはならない **promote:** 〜を推進する、促進する **economic development:** 経済発展	**humanitarian effort:** 人道支援活動 **peacekeeping:** 平和維持 **area:** 分野	**care about:** 〜を大事に思う、〜に関心を抱く **critical:** 極めて重要な、非常に重大な **vital:** 必須の、決定的に重要な

所信表明演説
「父の遺志を継ぎ、日米を結ぶ」

　同時に、日本は地域の民主主義と経済発展の推進、および世界の人道支援活動と平和維持におけるかけがえのないパートナーです。私はこれらの分野に深い関心があり、承認されたならば、日米パートナーシップの歴史の中で非常に重要なこの時期に、この極めて重要なパートナーシップを一層強化することに努めます。

　今は間違いなく、日米関係の歴史において重要な時期です。日本は政治的安定と経済再生の時期を享受しており、米国との貿易と投資の拡大を強く望んでいます。承認されたならば、米国の経済界と協力して、米国の輸出を拡大・促進し、環太平洋経済連携協定（TPP）のような取り組みを支援していけることを楽しみにしています。

---

indeed:
本当に、確かに
period:
期間、時期
economic renewal:
経済再生

be eager to do:
〜することを熱望している
investment:
投資
business:
ビジネス界、実業界

initiative:
構想、計画
Trans-Pacific Partnership:
環太平洋経済連携協定　▶略称TPP。

CAROLINE KENNEDY:
Humbled to Carry Forward Father's Legacy

■米国の国益を推進し、日本とのきずなを深めたい

In addition, I will work to increase exchanges between American and Japanese students, scholars and citizens so that future generations will understand our shared history and continue to bind our nations closer.

Finally, if confirmed, I will meet my most fundamental responsibility: to promote and protect the welfare of all American citizens in Japan. This includes providing a safe and secure environment for U.S.-government employees and their families.

I especially look forward to benefiting from the support of the talented Foreign Service professionals, both American and locally engaged staff, at our mission in Japan.

I would like to thank this committee for your consideration of my nomination. If confirmed, I look forward to working closely with you to advance our national interests, protect our citizens and deepen our ties with Japan. Thank you.

---

in addition: 加えて、さらに
exchange: 交流、交換
scholar: 学者、研究者
so that: 〜できるように、〜であるように

shared: 共有の、共通の
continue to do: 〜し続ける
meet: (要求などを)満たす、果たす
welfare: 福利、幸福

include: 〜を含む
provide: 〜を提供する、与える
secure: 不安のない、安心な

所信表明演説
「父の遺志を継ぎ、日米を結ぶ」

　さらに、日米の学生、研究者、国民同士の交流の促進に努め、将来の世代が両国の共通の歴史を理解し、今後とも両国を深く結びつけられるようにしたいと思います。

　最後に、承認されたならば、最も基本的な職責を全ういたします。すなわち、日本にいるすべての米国民の福祉を向上させ、保護します。これには、米国政府職員とその家族に、安全で安心できる環境を提供することも含まれます。

　私は、日本で任務に携わる有能な外交実務の専門家が、米国人であれ現地職員であれ、支援を与えてくださることを特に期待しています。

　この外交委員会の皆様方が私の指名を検討してくださることにお礼を申し上げたいと思います。承認されたならば、委員会の皆様と緊密に協力して、米国の国益を推進し、米国民を守り、日本とのきずなを深めていきたいと思います。ありがとうございました。

（訳　編集部 [駐日米国大使館の仮訳を参照させていただきました]）

---

environment:
環境
government employee:
政府職員
talented:
優れた、有能な

the Foreign Service:
（国防省の）外交局、外務局
professional:
専門家、プロ
staff:
スタッフ、職員

nomination:
指名
national interest:
国益
deepen:
〜を深める

ジョン・F・ケネディ大統領就任演説

JOHN F. KENNEDY:

Inaugural Address

オバマ大統領を「ブラック・ケネディ」と評する声も聞かれるが、
カリスマのある若き指導者という共通点を持つふたりは、比較されることが少なくない。
ケネディ氏が史上最年少で当選を果たし、カトリック教徒として
初めて大統領に就任した年は、オバマ氏がこの世に生を受けた年でもある。
米国史上でも名高いケネディ大統領就任演説に触れると、
オバマ氏の演説との共通点や違いが見えてくるかもしれない。

実施日：1961年1月20日（現地時間）
場所：首都ワシントン「連邦議会議事堂」前
本書収録：全文を収録　CD収録時間：13分53秒
写真：Getty Images

John F. Kennedy: Inaugural Address

■人類を滅ぼしうる力を持ってしまった時代に

　Vice President Johnson, Mr. Speaker, Mr. Chief Justice, President Eisenhower, Vice President Nixon, President Truman, Reverend Clergy, fellow citizens:

　We observe today not a victory of party but a celebration of freedom, symbolizing an end as well as a beginning, signifying renewal as well as change. For I have sworn before you and Almighty God the same solemn oath our forebears prescribed nearly a century and three-quarters ago.

　The world is very different now, for man holds in his mortal hands the power to abolish all forms of human poverty and all forms of human life. And yet the same revolutionary beliefs for which our forebears fought are still at issue around the globe: the belief that the rights of man come not from the generosity of the state but from the hand of God.

---

inaugural address:
《タイトル》(大統領の) 就任演説
Vice President Johnson:
ジョンソン副大統領　▶ケネディ暗殺後、第36代大統領に就任。
Speaker:
下院議長
Chief Justice:
合衆国最高裁判所長官

Vice President Nixon:
ニクソン副大統領　▶アイゼンハワーの副大統領。後に第37代大統領に就任。
Reverend:
《聖職者の名前の前につける尊称》…師、…尊師
clergy:
《集合的》聖職者、僧侶

fellow:
仲間の、同胞の
citizen:
国民
observe:
～を祝う、催す
celebration:
祝賀、祝典
signify:
～を示す、意味する

ジョン・F・ケネディ
大統領就任演説

　ジョンソン副大統領、下院議長、最高裁判所長官、アイゼンハワー大統領、ニクソン副大統領、トルーマン大統領、聖職者の方々、同胞たる国民の皆さん。

　われわれは今日、一政党の勝利を祝うのではなく、自由を祝う式典を行っているのです──それは始まりとともに終わりを象徴し──変化とともに継続を示しています。なぜなら、私が皆さんと全能なる神の前で誓い終えたのは、175年近く前にわれわれの先祖が定めたとおりの厳粛な誓いだったからです。

　世界は今や、かつてとは大きく異なっています。なぜなら、人類がその手に抱いている力は、あらゆる形の貧困を根絶させうると同時に、あらゆる形の人命を根絶させうるのですから。それにもかかわらず、われわれの祖先が闘い求めた独立戦争の理念は、今も世界中で論議の的になっています──その理念とは、人間の権利は国家の寛大さによってではなく神の手によって授けられる、というものです。

---

renewal:
（契約などの）更新、継続
swear:
〜を誓う、宣誓する
Almighty God:
全能の神
solemn:
厳粛な、重々しい
oath:
誓約、誓い

forebear:
祖先、先祖
prescribe:
〜を定める、規定する
mortal:
人間の
abolish:
〜を廃止する、撲滅する
poverty:
貧乏、貧困

revolutionary:
革命の、アメリカ独立戦争の
belief:
信念、考え
at issue:
論争中の、問題になっている
around the globe:
地球中で、世界中で
generosity:
気前のよさ、寛大さ

John F. Kennedy: Inaugural Address

■たいまつは新しい世代に引き継がれた

　We dare not forget today that we are the heirs of that first revolution. Let the word go forth from this time and place, to friend and foe alike, that the torch has been passed to a new generation of Americans—born in this century, tempered by war, disciplined by a hard and bitter peace, proud of our ancient heritage, and unwilling to witness or permit the slow undoing of those human rights to which this nation has always been committed and to which we are committed today at home and around the world.

　Let every nation know, whether it wishes us well or ill, that we shall pay any price, bear any burden, meet any hardship, support any friend, oppose any foe, to assure the survival and the success of liberty.

dare do: あえて〜する、あつかましくも〜する **heir:** 相続人、継承者	**foe:** 敵、敵兵 **torch:** たいまつ **temper:** 〜を（試練などで）鍛える	**discipline:** 〜をしつける、訓練する **heritage:** 継承物、遺産

ジョン・F・ケネディ
大統領就任演説

　われわれは、今日、そうした最初の革命の継承者であることを忘れたりはしません。今この時、この場所から、この言葉を、味方にも敵にも等しく伝えていこうではありませんか。たいまつは、今、アメリカの新しい世代に引き継がれたのです——それは、今世紀に生まれ、戦争に鍛えられ、厳しく苦い平和の下で秩序を学び、われわれの祖先の遺産を誇りに思っている世代です——人権が徐々に昔の状態に後戻りさせられるのを、看過するつもりも認めるつもりもない世代です。その人権は、この国が常に大切にしてきたものであり、今日ではわが国をはじめ世界中で大切にされているものです。

　友好的な国であれ敵対的な国であれ、すべての国にこのことを知らせようではありませんか。すなわち、自由が滅びずに生き長らえ成功することを確実にするためなら、われわれはあらゆる代償を惜しまず、あらゆる重荷を背負い、あらゆる困難に立ち向かい、あらゆる味方を支援し、あらゆる敵と対決するということを。

---

undoing:
元どおりにすること、取り消し
be committed to:
〜に打ち込む、献身する

burden:
重荷、負担
meet:
(問題・危機に)うまく対処する

assure:
〜を確実なものにする
survival:
生き延びること

John F. Kennedy: Inaugural Address

■団結すればなしえないことはない

　This much we pledge, and more. To those old allies whose cultural and spiritual origins we share, we pledge the loyalty of faithful friends. United there is little we cannot do in a host of cooperative ventures. Divided there is little we can do, for we dare not meet a powerful challenge at odds and split asunder.

　To those new states whom we welcome to the ranks of the free, we pledge our word that one form of colonial control shall not have passed away merely to be replaced by a far more iron tyranny. We shall not always expect to find them supporting our view, but we shall always hope to find them strongly supporting their own freedom—and to remember that, in the past, those who foolishly sought power by riding the back of the tiger ended up inside.

much:《this, thatなどを前に置いて》…だけの量［額］、…だけ **pledge:**〜を堅く約束する、誓う **ally:**同盟国、連合国 **origin:**起源	**share:**〜をともにする **loyalty:**忠義、忠誠 **faithful:**信頼できる、誠実な **united:**協力している、団結した **a host of:**多数の	**cooperative:**力を合わせて行う、協同の **venture:**冒険的企て **divided:**分裂した、対立している **challenge:**挑戦、困難な課題 **at odds:**争って、反目して

ジョン・F・ケネディ
大統領就任演説

　それだけのことをわれわれは誓います——が、それで終わりではありません。文化的・精神的な起源をわれわれと同じくする古くからの同盟国に対しては、信義ある友としての忠誠をわれわれは誓います。団結すれば、さまざまな共同事業において、われわれになしえないことはほとんどありません。たもとを分かつとすれば、何事もなしとげられません。われわれは、互いに争いばらばらになっていては、強力な難題に立ち向かうことなどできないからです。

　われわれが自由主義世界への仲間入りを歓迎する新しい国々には、このことを誓いましょう。植民地支配というひとつの形が終わって、単により厳しい鉄の専制に置き換わることはさせないと。われわれは、これらの国々が常にわれわれの見解に賛同してくれるとは期待していません。ただわれわれは、これらの国々が自国なりの自由を力強く見出してくれることを常に望み続けます。過去にはこういうことがあったのも覚えておいてほしいのです、つまり愚かにも虎にまたがって権力を志向したものが最後は虎に食われてしまったということを。

split: 割れた、分裂している	**merely:** ただ、単に	**view:** 考え、見解、見方
asunder: ばらばらに、離れ離れに	**replace:** 〜に取って代わる、入れ替わる	**the past:** 過去、昔
rank: 階級、階層	**far:** ずっと、はるかに	**foolishly:** 愚かにも
colonial: 植民地の	**iron:** 鉄のような、厳しい、冷酷な	**seek:** 〜を求める
pass away: 去る、終わる	**tyranny:** 専制政治	**end up:** 〜という羽目になる

John F. Kennedy: Inaugural Address

■世界への力添えをわれわれは惜しまない

To those people in the huts and villages of half the globe struggling to break the bonds of mass misery, we pledge our best efforts to help them help themselves for whatever period is required —not because the Communists may be doing it, not because we seek their votes, but because it is right. If a free society cannot help the many who are poor, it cannot save the few who are rich.

To our sister republic south of our border, we offer a special pledge: to convert our good words into good deeds in a new alliance for progress to assist free men and free governments in casting off the chains of poverty. But this peaceful revolution of hope cannot become the prey of hostile powers. Let all our neighbors know that we shall join with them to oppose aggression or subversion anywhere in the Americas. And let every other power know that this hemisphere intends to remain the master of its own house.

hut: 小屋	**misery:** 悲惨、みじめさ、窮乏	**vote:** 投票
struggle: もがく、あがく	**effort:** 努力	**republic:** 共和国、共和制国家
break: ～を終わらせる	**period:** (ある一定の) 時間、年月	**border:** 境界線、国境線
bonds: 足かせ	**require:** ～を要する	**offer A (to B):** Aを (Bに) 提供する、申し出る
mass: 大人数の、大規模な	**Communist:** 共産主義者	**convert:** ～を (…に) 変える、変質させる

ジョン・F・ケネディ
大統領就任演説

　地球の半分の地域でほったて小屋や村落に住み、集団的な悲惨の足かせをはずそうと苦闘している人々には、その自助努力に対して、たとえどれほどの時間がかかろうとも最大限の力添えを誓います。それは共産主義者がそうするかもしれないからでも、かれらの票が目当てなわけでもありません。それが正しいことだからです。もし自由な社会が貧しい大多数の人々を救えないようであれば、少数の金持ちを救うこともできないのです。

　われわれと兄弟である国境の南の国に対しては、特別な約束をしましょう。言葉をよい行動に移し、進歩のために新しい同盟をむすび、自由な人々や国々が貧困のくさりから解き放たれる手助けをすると。しかし、この平和的な革命の希望が、敵対する勢力のえじきになるようなことがあってはなりません。すべての近隣諸国に、われわれがアメリカ大陸のどこにおいても、他国の侵略や政府の転覆といったことに協力して対抗するということを知らせましょう。そしてその他の国々にも、この地域においてはわれわれは自分の家の主人でありつづけるつもりだということを知らせましょう。

---

deed:
実行、行動
alliance:
同盟、(〜との)協定
progress:
進歩、発達
cast off:
〜を解き放つ
chain:
鎖、縛るもの、かせ

poverty:
貧乏、貧窮
revolution:
革命
prey:
えじき
hostile:
敵の、敵対する
oppose:
〜に反抗する、〜と抗争する

aggression:
侵略行為、侵犯
subversion:
転覆させるもの、滅亡の因
hemisphere:
(地球の)半球、領域、範囲
intend to do:
〜するつもりである
remain:
依然として〜のままである

John F. Kennedy: Inaugural Address

■平和の探求に着手しよう

　To that world assembly of sovereign states, the United Nations, our last best hope in an age where the instruments of war have far outpaced the instruments of peace, we renew our pledge of support—to prevent it from becoming merely a forum for invective, to strengthen its shield of the new and the weak, and to enlarge the area in which its writ may run.

　Finally, to those nations who would make themselves our adversary, we offer not a pledge but a request that both sides begin anew the quest for peace before the dark powers of destruction unleashed by science engulf all humanity in planned or accidental self-destruction.

assembly: 集会、会合、会議 **sovereign state:** 独立国 **the United Nations:** 国際連合、国連　▶1945年に結成され、米国ニューヨーク市に本部を置く。	**instrument:** (～の) 手段 **outpace:** ～をしのぐ **renew:** ～を再び言う、行う、繰り返す **forum:** 公開討論会	**invective:** 激しい非難、毒舌、ののしり **strengthen:** ～を強化する **shield:** 保護者、後ろ盾 **enlarge:** ～を拡大する、拡張する

ジョン・F・ケネディ
大統領就任演説

　世界中の独立国の集まりである国際連合は、戦争のための手段が平和のための手段をはるかにしのいでしまった時代において、われわれの最後の最良の希望です。われわれは国際連合を支持するという誓いを新たにします。国際連合を単にののしりあいの場にはせず、新しく弱小な国に対する盾としてのその力を強め、国際憲章のおよぶ地域を拡大するために。

　最後に、われわれに敵対しようとする国々に対しては、誓いではなく要求をすることにしましょう。両陣営で新たに平和の探求に着手しようという要求を。科学によって束縛を解かれた暗黒たる破壊力が、全人類を計画的にあるいは偶然に自己破壊の渦にのみこむ前に。

---

writ:
令状
adversary:
敵国
anew:
改めて、新たに
quest:
(〜の) 探求、追求

the dark powers of destruction:
暗黒の破壊力　▶核兵器のこと。
unleashed:
束縛を解かれた、放たれた
engulf:
〜を襲う、飲み込む、巻き込む

humanity:
人類
accidental:
偶然の、不慮の
self-destruction:
自己破壊

John F. Kennedy: Inaugural Address

■東西の対立を見すえながら

We dare not tempt them with weakness. For only when our arms are sufficient beyond doubt can we be certain beyond doubt that they will never be employed. But neither can two great and powerful groups of nations take comfort from our present course—both sides overburdened by the cost of modern weapons, both rightly alarmed by the steady spread of the deadly atom, yet both racing to alter that uncertain balance of terror that stays the hand of mankind's final war.

So let us begin anew, remembering on both sides that civility is not a sign of weakness and sincerity is always subject to proof. Let us never negotiate out of fear, but let us never fear to negotiate. Let both sides explore what problems unite us instead of belaboring those problems which divide us.

---

tempt:
〜を誘惑する、そそのかす
sufficient:
十分な
beyond doubt:
疑いなく、まぎれもなく
certain:
確信して
employ:
〜を利用する、用いる

comfort:
ほっとした気持ち、安心感
overburden:
（責任などを）負わせすぎる
weapon:
兵器
rightly:
当然に

alarm:
〜を不安にさせる、恐れさせる
steady:
絶え間ない、着実な
spread:
普及、拡散
deadly:
致命的な、命取りの

ジョン・F・ケネディ
大統領就任演説

　われわれは、敵対する国々に弱みを見せて挑発してはなりません。われわれの戦力が疑いなく十分であるときのみ、われわれはその戦力を利用することが決してないことを疑うことなく確信できるのですから。大きくそして強力な２つの陣営は、この現在の路線を歩むかぎりどちらも安心できません。両陣営は現代兵器の過大なコストに苦しみ、死をもたらす原子力が着実に拡散していくのにまさに恐怖をおぼえながらも、人類の最終戦争を押しとどめている不確かな恐怖のバランスをくずそうと互いに競争しているのです。

　ですから、両陣営とも、改めてやり直そうではありませんか——礼節ある振るまいは弱さの表れではなく、誠実さは常に証明されるべきものだということを思い起こしながら。恐れに基づいて交渉することは、決してしないようにしましょう。しかし、交渉を恐れることも、決してしないようにしましょう。両陣営は、われわれを分裂させている諸問題を延々と論じるよりも、われわれを団結させる点を探ろうではありませんか。

---

atom:
原子力
race:
競争する
alter:
〜を変える
uncertain:
安定しない、不確かな

terror:
恐怖
mankind:
人類
anew:
改めて、新たに
civility:
礼儀正しさ、丁寧さ

sincerity:
誠実さ、率直さ
be subject to:
〜を必要とする、条件とする
explore:
〜を探る、調べる
belabor:
〜を延々と論じる

John F. Kennedy: Inaugural Address

■科学の力を協力して生かそう

Let both sides, for the first time, formulate serious and precise proposals for the inspection and control of arms, and bring the absolute power to destroy other nations under the absolute control of all nations.

Let both sides seek to invoke the wonders of science instead of its terrors. Together let us explore the stars, conquer the deserts, eradicate disease, tap the ocean depths, and encourage the arts and commerce.

Let both sides unite to heed, in all corners of the earth, the command of Isaiah to "undo the heavy burdens and let the oppressed go free."

---

formulate:
〜を考案する、案出する
serious:
真剣な、本気の
precise:
精密な、厳密な
proposal:
提案、企画
inspection:
綿密な調査、検査、視察

control:
管理
absolute:
絶対的な
destroy:
〜を破壊する、破滅させる
invoke:
〜に訴える
wonder:
驚異、驚くべきこと

instead of:
〜の代わりに
explore:
〜を探検する、調査する
conquer:
〜を征服する
desert:
砂漠

ジョン・F・ケネディ
大統領就任演説

　まず第一に、両陣営で武器の査察と管理についての真摯で精密な提案を練り上げようではありませんか。そして、他の国々を崩壊させるような絶対的な力をすべての国の完全な管理の下に置こうではありませんか。

　両陣営とも科学の恐怖ではなく、科学の驚異的な力に訴えかけようではありませんか。共に宇宙を探検し、砂漠を征服し、疫病を根絶し、深海を開発し、芸術や商業を振興しようではありませんか。

　両陣営とも地球上のすべての人の心にイザヤの言葉を宿らせましょう。「重荷を下ろし、虐げられたものを自由にしよう」と。

eradicate: (病気・害虫などを)根絶する、撲滅する **disease:** 病気 **tap:** (土地・資源などを)開発する **depths:** 深み、深淵	**encourage:** ～を促進する **commerce:** 商業 **unite:** ひとつになる、合体する **heed:** ～に注意を払う、留意する	**Isaiah:** イザヤ　▶旧約聖書中の大預言者のひとり。 **undo:** ～を取り除く **burden:** (特に重い)荷物、積み荷 **oppressed:** (権力などで)虐げられた人

John F. Kennedy: Inaugural Address

■新しい法に基づいた世界に向かって

　And, if a beachhead of cooperation may push back the jungle of suspicion, let both sides join in creating a new endeavor—not a new balance of power but a new world of law, where the strong are just and the weak secure and the peace preserved.

　All this will not be finished in the first one hundred days. Nor will it be finished in the first one thousand days, nor in the life of this Administration, nor even perhaps in our lifetime on this planet. But let us begin.

　In your hands, my fellow citizens, more than mine, will rest the final success or failure of our course. Since this country was founded, each generation of Americans has been summoned to give testimony to its national loyalty. The graves of young Americans who answered the call to service surround the globe.

---

beachhead:
足がかり、拠点
push back:
〜を押し戻す
jungle:
ジャングル
suspicion:
疑念、疑惑

endeavor:
試み
secure:
安全な、確実な
preserve:
〜を保護する、維持する
administration:
政府、政権、任期

lifetime:
一生、生涯
rest A in B:
AをBに頼らせる、B次第とする
failure:
失敗

ジョン・F・ケネディ
大統領就任演説

　そしてもし協力の足がかりが疑惑のジャングルを押し戻すことができたなら、両陣営は新しい力のバランスではなく、新しい法に基づいた世界を作るという、新しい試みの創造を協力して行うようにしていきましょう。その世界では、強者は公正であり、弱者は安全であり、平和が保たれるのです。

　そのすべてが私の就任から100日以内に成し遂げられるというわけではありません。1000日以内に成し遂げられるわけでも、私の在任期間内に成し遂げられるわけでもなく、ことによると、この地球上にわれわれが生きている間に成し遂げられることさえないかもしれません。それでも、やり始めようではありませんか。

　われわれのとる道が最終的に成功するか失敗するかは、私以上に、あなたがた市民の手にかかっているのです。この国の建国以来、アメリカ人の各世代は国家に対する忠誠を証明することを要求されてきました。軍務への召集に応えた若いアメリカ人の墓は世界中にあります。

found: 〜を創設する **generation:** 世代　▶子供が両親と入れ替わるまでの約30年間。	**summon:** 〈人を〉呼び出す、召集する、要請する **testimony:** 証明、宣誓証言	**grave:** 墓 **service:** 軍務、軍 **surround:** 〜を取り囲む

John F. Kennedy: Inaugural Address

■人類の共通の敵と闘う重荷を背負おう

　Now the trumpet summons us again—not as a call to bear arms, though arms we need, not as a call to battle, though embattled we are, but a call to bear the burden of a long twilight struggle, year in and year out, "rejoicing in hope; patient in tribulation," a struggle against the common enemies of man: tyranny, poverty, disease, and war itself.

　Can we forge against these enemies a grand and global alliance, North and South, East and West, that can assure a more fruitful life for all mankind? Will you join in that historic effort?

---

trumpet: トランペット bear: 〜を運ぶ、持つ battle: 戦う	embattled: 戦闘隊形についた twilight: 日の出前、黎明（れいめい）期	year in year out: 毎年毎年、くる年もくる年も rejoice: 〜を喜ぶ patient: 忍耐強い

ジョン・F・ケネディ
大統領就任演説

　今トランペットの音がわれわれを再び召集しています。武器は必要ですが、武器をとれという召集ではありません。戦闘体制をとってはいますが、戦えという召集ではありません。長い夜明け前の闘争の重荷を肩に背負えという召集なのです。常にいつでも「希望をもって喜びを抱き、苦難に耐え」、人類の共通の敵、専制、貧困、疫病、そして戦争そのものに対して闘うという重荷を。

　これらの敵に対して、北も南も、東も西も、壮大な世界的な同盟をわれわれは作れないものでしょうか。その同盟は全人類により実りある生活を保障してくれるでしょう。あなたがたもこの歴史的な努力に身を投じてみようではありませんか。

tribulation: 苦しい試練 **tyranny:** 専制（政治） **forge:** （新しい状況・関係を）作り出す	**alliance:** 同盟、連合、提携 **assure:** 〜を確実なものにする	**fruitful:** 好結果をもたらす、効果的な、実りの多い **historic:** 歴史上重要な

John F. Kennedy: Inaugural Address

■自由を守る炎で世界を照らそう

In the long history of the world, only a few generations have been granted the role of defending freedom in its hour of maximum danger. I do not shrink from this responsibility; I welcome it. I do not believe that any of us would exchange places with any other people or any other generation. The energy, the faith, the devotion which we bring to this endeavor will light our country and all who serve it. And the glow from that fire can truly light the world.

And so, my fellow Americans, ask not what your country can do for you; ask what you can do for your country. My fellow citizens of the world, ask not what America will do for you but what together we can do for the freedom of man.

---

grant A B:
AにBを与える、授ける
defend:
〜を守る、防衛する

hour:
時期、時代
maximum:
最大の、最高の

shrink from:
〜にひるむ、しり込みする
exchange A with B:
AとBを交換する、取り換える

ジョン・F・ケネディ
大統領就任演説

　世界の長い歴史の中でも、わずかな世代しか与えられたことがないのです、自由がその最大の危機に瀕しているときに自由を守るという役割は。私はこの責任にひるんだりはしません──この責任を歓迎しています。私にはとても思えないのです、われわれの中に、他国や他の世代の人々に立場を替わってもらいたがる人がいるなどとは。われわれがこの試みに注ぎ込むエネルギーと信念と献身は、わが国を、そしてわが国に奉仕するすべての人々を照らすことでしょう。そして、その炎の輝きは、世界を真に照らすことができるのです。

　ですから、アメリカ国民の皆さん、祖国があなたに何をしてくれるかを問うのはやめましょう──あなたが祖国のために何をできるかを問うのです。世界各国の皆さん、アメリカが皆さんのために何をしてくれるかを問うのではなく、人間の自由のためにわれわれが共に何をなしうるのかを問うてください。

faith: 信念 devotion: 専念、献身	glow: 輝き	light: 〜を明るくする、照らし出す

John F. Kennedy: Inaugural Address

■愛すべきアメリカを導いていこう

Finally, whether you are citizens of America or citizens of the world, ask of us here the same high standards of strength and sacrifice which we ask of you. With a good conscience our only sure reward, with history the final judge of our deeds, let us go forth to lead the land we love, asking His blessing and His help but knowing that here on earth God's work must truly be our own.

standard: (量・質などにおける)水準、標準 **strength:** 力	**sacrifice:** 犠牲 **conscience:** 良心	**reward:** (善行・仕事に対する)報酬 **judge:** 審判、判事

ジョン・F・ケネディ
大統領就任演説

　最後に、あなたがアメリカ市民であろうと、世界の市民であろうと、われわれがあなたに求めるのと同じ高い水準の力と犠牲をここのわれわれに求めてください。良心を唯一のたしかな報酬とし、歴史をわれわれの行動に最終的な審判を下すものとし、神の祝福と助けを求めながらも、この地球上では神の仕事はまさにわれわれ自身で成し遂げなければならないものだということを肝に銘じて、われわれの愛すべき国を導くために前進しましょう。

（訳　編集部）

| lead:
～を導く | blessing:
（神の）恩恵（おんちょう）、祝福 | truly:
まったく、本当に、真に |

ジョン・F・ケネディ「大統領とメディア」

JOHN F. KENNEDY:

The President and the Press

米国がキューバのカストロ政権を打倒しようとして失敗したピッグス湾事件。
その終結から1週間ほどしか経たない1961年4月27日、
ケネディ大統領は、アメリカ新聞発行者協会の会員を前にし、
宣戦布告なき戦いが主流となる時代における報道のあり方について語った。
「報道の自由」と「秘密保護」とのバランスをどう考えればよいのか。
今に通じる重要な視点が50年以上前のケネディ演説から浮かび上がる。

実施日：1961年4月27日(現地時間)
場所：ニューヨーク「ウォルドーフ・アストリア・ホテル」内
本書収録：抜粋して収録　CD収録時間：12分15秒
写真：AP/アフロ

John F. Kennedy: The President and the Press

■今夜の私の目的はメディアを攻撃することではない

Mr. Chairman, ladies and gentlemen: I appreciate very much your generous invitation to be here tonight.

I have selected as the title of my remarks tonight "The President and the Press." Some may suggest that this would be more naturally worded "The President Versus the Press," but those are not my sentiments tonight.

Nevertheless, my purpose here tonight is not to deliver the usual assault on the so-called one-party press. On the contrary, in recent months I have rarely heard any complaints about political bias in the press, except from a few Republicans. Nor is it my purpose tonight to discuss or defend the televising of presidential press conferences. I think it is highly beneficial to have some 20 million Americans regularly sit in on these conferences to observe, if I may say so, the incisive, the intelligent and the courteous qualities displayed by your Washington correspondents.

appreciate: ～に感謝する	**word:** ～を言葉にする、言い表す	**assault on:** ～への攻撃
generous: 心の広い、ありがたい	**A versus B:** A対B	**so-called:** いわゆる
select as A B: AにBを選ぶ、選択する	**sentiment:** 気持ち、感情	**one-party:** 特定の党派の、偏向した
remark: 発言、演説	**nevertheless:** それにもかかわらず	**on the contrary:** それどころか、逆に
suggest that: ～だと示唆する、提言する	**deliver:** ～を伝える、述べる	**rarely:** ほとんど～ない

ジョン・F・ケネディ
「大統領とメディア」

　会長殿、紳士淑女の皆さん。今夜この場にお招きいただいたことに心からの感謝を申し上げます。

　私は、今夜の私のお話に「大統領とメディア」というタイトルを選びました。「大統領対メディア」としたほうが適切だろうとおっしゃる方もいるかもしれませんが、それは今夜の私の心情とは異なります。

　しかしながら、私が今夜こちらに伺った目的は、いわゆる党派的偏向報道に対してお決まりの攻撃を加えることではありません。それどころか、ここ数カ月、私は政治的偏向に関するいかなる不満もほとんど耳にしたことがないのです。数人の共和党員からのものは例外ですね。また、今夜の私の目的は、大統領記者会見のテレビ放送について議論したり擁護したりすることでもありません。約2000万ものアメリカ人にそうした記者会見に定期的に参加していただき、皆さんのワシントン特派員たちが示す、言わば、鋭く、知的で、礼節をわきまえた品格を目にしていただくというのは、私にはとても有益なことに思えます。

---

complaint: 不満、苦情	**televise:** 〜をテレビ放送する、放映する	**incisive:** 鋭い、痛烈な
bias: 偏見、先入観	**press conference:** 記者会見	**intelligent:** 知的な、教養のある
Republican: 共和党員	**beneficial:** 役に立つ、有益な	**courteous:** 礼儀正しい、品位のある
nor: また〜でもない	**sit in on:** 〜に同席する、参加する	**display:** 〜を示す、見せる
defend: 〜を守る、擁護する	**observe:** 〜を観察する、見学する	**correspondent:** 特派員、通信員

John F. Kennedy: The President and the Press

■大統領とメディアの共通の責任について話したい

　I want to talk about our common responsibilities in the face of a common danger. The events of recent weeks may have helped to illuminate that challenge for some; but the dimensions of its threat have loomed large on the horizon for many years. Whatever our hopes may be for the future—for reducing this threat or living with it—there is no escaping either the gravity or the totality of its challenge to our survival and to our security, a challenge that confronts us in unaccustomed ways in every sphere of human activity.

　This deadly challenge imposes upon our society two requirements of direct concern both to the press and to the President—two requirements that may seem almost contradictory in tone but which must be reconciled and fulfilled if we are to meet this national peril. I refer, first, to the need for far greater public information and, second, to the need for far greater official secrecy.

responsibility: 責任、義務	**threat:** 脅威	**escape:** 〜を避ける、免れる
in the face of: 〜に直面して、対して	**loom large:** 巨大な姿を現す、大きく迫る	**gravity:** 重大さ、重要性
event: 出来事、事件	**horizon:** 地平線	**totality:** 全体性
illuminate: 〜を明らかにする	**reduce:** 〜を少なくする、減らす	**security:** 安全、安全保障
dimension: 大きさ、規模	**live with:** 〜を甘んじて受け入れる	**confront:** 〜に直面する、立ち向かう

ジョン・F・ケネディ
「大統領とメディア」

　私がお話ししたいのは、共通の危機に直面したわれわれの、共通の責任についてです。ここ数週間の出来事により、問題が目に見えやすくなったという人もいるかもしれません。しかし、その脅威の規模が巨大であることは、何年も前から、おぼろげながらも分かっていたのです。将来に対するわれわれの望みがどんなものであれ——この脅威の削減であれ、脅威との共存であれ——われわれの生存や安全に対するその挑戦の重大性や全体性から逃れるすべはありません。その挑戦は、人間のあらゆる活動領域に尋常ならざる姿で立ちはだかるものなのですから。

　この極めて恐ろしい挑戦は、メディアと大統領の両方に直接関係する2つの要求を、われわれの社会に突き付けます——感覚的には、2つの要求はほとんど相反しているように思えるかもしれませんが、この国家的危機に対処しようというのであれば、その2つを調和させ、十全のものにしなければなりません。私は、まず、はるかに拡大された情報公開の必要性を述べ、その次に、はるかに拡大された公的秘密保護の必要性に言及します。

---

unaccustomed: 不慣れな、普通と違った	**requirement:** 要求、必要条件	**fulfilled:** 充実した、満ち足りた
sphere: 領域、分野	**concern:** 関心、気がかり	**meet:** 〜に応じる、対処する
activity: 活動	**contradictory:** 矛盾した、相反する	**peril:** 危険、危機
deadly: 命取りになる、極めて危険な	**in tone:** 調子として、雰囲気的に	**refer to:** 〜に言及する、触れる
impose upon A B: AにBを課す、押し付ける	**reconciled:** 融和した、調和した	**secrecy:** 秘密保護、守秘

John F. Kennedy: **The President and the Press**

■「秘密保護」という言葉自体が不快に思われる

The very word "secrecy" is repugnant in a free and open society; and we are, as a people, inherently and historically opposed to secret societies, to secret oaths, and to secret proceedings. We decided long ago that the dangers of excessive and unwarranted concealment of pertinent facts far outweighed the dangers which are cited to justify it.

Even today, there is little value in opposing the threat of a closed society by imitating its arbitrary restrictions. Even today, there is little value in insuring the survival of our nation if our traditions do not survive with it. And there is very grave danger that an announced need for increased security will be seized upon by those anxious to expand its meaning to the very limits of official censorship and concealment. That I do not intend to permit to the extent that it's in my control. And no official of my Administration, whether his rank is high or low, civilian or military, should interpret my words here tonight as an excuse to censor the news, to stifle dissent, to cover up our mistakes, or to withhold from the press and the public the facts they deserve to know.

repugnant: 不快な、反感を抱かせる	**decide that:** 〜であると判断する	**outweigh:** 〜を上回る、〜に勝る
inherently: 本質的に、本来的に	**excessive:** 過度の、行き過ぎた	**cite:** 〜を挙げる、引き合いに出す
be opposed to: 〜に反対である	**unwarranted:** 正当性のない、不当な	**justify:** 〜を正当化する
oath: 誓い、誓約	**concealment:** 隠ぺい、隠匿	**arbitrary:** 勝手な、恣意的な
proceeding: 手続き、一連のやり方	**pertinent:** 関連した、関係のある	**restriction:** 制限、制約

ジョン・F・ケネディ
「大統領とメディア」

　自由で開かれた社会においては、「秘密保護」という言葉自体が不快に思えます。それに、われわれは、本質的にも歴史的にも、秘密結社や秘密の誓い、秘密工作といったものに反発してきた国民です。関連事実の過度で不当な隠ぺいがもたらす危険性は、隠ぺいの正当化のためにあげつらわれる危険性よりもずっと大きいのだと、とうの昔にわれわれは判断しています。

　今日においても、閉鎖社会の恣意的規制をまねすることで閉鎖社会の脅威に対抗しようとすることには、ほとんど意味がありません。今日においても、国家の存続を確かなものにしたところで、われわれの伝統が国家と共に存続するのでなければ、ほとんど意味がありません。また、安全保障の強化の必要性を広く知らせることには、その意味をまさに公的な検閲と隠ぺいというレベルにまで拡大したくてたまらない者たちにつけいられるという、非常に重大な危険があります。私は、私の管理下にある限り、そんなことを許しはしません。そして、私の政権のすべての役人は、地位が高かろうが低かろうが、文民だろうが軍人だろうが、報道を検閲したり、異論を封じたり、政権の過ちを隠ぺいしたり、メディアと国民が知って当然の事実を知らさなかったりするための口実として、今夜この場での私の発言を解釈することがあってはならないのです。

---

insure:
〜を確実にする、保証する
grave:
深刻な、重大な
increased:
増加した、増大した
seize upon:
〜につけ込む、つけいる
(be) anxious to do:
〜したくてたまらない

censorship:
検閲
to the extent that:
〜である限りは
civilian:
民間人、文民
interpret A as B:
AをBと解釈する、判断する
censor:
〜を検閲する

stifle:
〜を抑え込む、弾圧する
dissent:
異議、反対意見
cover up:
〜を隠す、もみ消す
withhold from A B:
AにBを与えない
deserve to do:
〜して当然である

John F. Kennedy: The President and the Press

■戦時においては、慣習的に政府とメディアは協力し合ってきた

But I do ask…but I do ask every publisher, every editor and every newsman in the nation to reexamine his own standards and to recognize the nature of our country's peril. In time of war, the government and the press have customarily joined in an effort, based largely on self-discipline, to prevent unauthorized disclosures to the enemy. In times of "clear and present danger," the courts have held that even the privileged rights of the First Amendment must yield to the public's need for national security.

publisher: 発行者、発行人 **editor:** 編集者、編集人 **newsman:** 取材記者、リポーター **reexamine:** ～を見直す、再検討する	**standards:** 規範、基準 **recognize:** ～を認識する、理解する **nature:** 本質、特質 **customarily:** 習慣的に、慣例として	**join in:** ～に参加する、一緒に～をする **effort:** 努力、尽力 **(be) based on:** ～に基づいている **self-discipline:** 自制、自主規制

ジョン・F・ケネディ
「大統領とメディア」

　しかし、私はお願いをしたい……しかし、私はお願いをしたいのですが、この国の新聞発行人、編集人、取材記者の皆さん個々人が自らの基準を見直し、わが国の危機の本質を見極めるようにしてください。戦時においては、慣習的に政府とメディアは協力し合い、主に自主規制に基づきながら、敵への情報漏えいを防ごうと努めてきました。「今そこにある危機」に際しては、米国憲法修正第1条で特別に保護された権利でさえ、国家の安全のためには公共の必要性に譲るべきだと法廷は判断しています。

---

prevent:
〜を防ぐ、防止する
unauthorized:
無許可の、権限なしでの
disclosure:
公表、開示
enemy:
敵

clear and present danger:
今そこにある危機　▶トム・クランシーの小説 (1989年) およびその映画化作品 (1994年) のタイトルにもなっている。
court:
法廷、裁判所
hold that:
〜であるという考えを抱く、〜であると判断する

privileged:
特権的な、特別に許された
First Amendment:
米国憲法修正第1条　▶言論・出版の自由などを規定している。
yield to:
〜に屈服する、譲歩する

John F. Kennedy: The President and the Press

■もはや伝統的な形で宣戦布告がなされることはない

Today no war has been declared, and however fierce the struggle may be, it may never be declared in the traditional fashion. Our way of life is under attack. Those who make themselves our enemy are advancing around the globe. The survival of our friends is in danger. And yet no war has been declared, no borders have been crossed by marching troops, no missiles have been fired.

If the press is awaiting a declaration of war before it imposes the self-discipline of combat conditions, then I can only say that no war ever posed a greater threat to our security. If you are awaiting a finding of "clear and present danger," then I can only say that the danger has never been more clear and its presence has never been more imminent.

declare: 〜を宣言する、布告する **however:** どんなに〜でも **fierce:** 激しい、すさまじい **struggle:** 争い、闘い	**traditional:** 伝統的な、旧来の **fashion:** やり方、流儀 **be under attack:** 攻められている、攻撃下にある **make A B:** AをBにする	**advance:** 前進する、進行する **around the globe:** 世界中で、地球全体で **and yet:** それにもかかわらず、それなのに

ジョン・F・ケネディ
「大統領とメディア」

　現在、いかなる宣戦布告もなされていませんし、たとえどんなに激しい戦いがあったとしても、伝統的な形での宣戦布告がなされることは決してないのかもしれません。われわれの生活様式は攻撃にさらされています。われわれの敵になろうとする者たちが、世界中で力を増しています。われわれの友好国は存亡の危機にあります。それでも、いかなる宣戦布告もなされていませんし、行進する軍隊が国境を侵したり、ミサイルが発射されたりといったことも一切起こっていません。

　もしもメディアが宣戦布告を待ってから戦時下レベルの自主規制を実施するというのであれば、私に言えることは、いかなる戦争もわが国の安全保障に対してこれ以上大きな脅威をもたらしたことはないということだけです。もしも皆さんが「今そこにある危機」の発見を待っていらっしゃるのなら、私に言えることは、これまで危機がこれほど明白になったこともなければ、その存在がこれほど差し迫ったこともないということだけです。

---

border: 境界線、国境
cross: 〜を横断する、渡る
march: 行進する、進軍する
troops: 部隊、軍隊

missile: ミサイル
fire: 〜を発射する
await: 〜を期待して待つ、待ち望む
declaration: 宣言、布告

combat: 戦闘
condition: 状態、状況
pose: 〜を引き起こす、もたらす
imminent: 切迫した、目前に迫った

John F. Kennedy: **The President and the Press**

■われわれに敵対しているのは一枚岩の冷酷な陰謀組織

　It requires a change in outlook, a change in tactics, a change in missions by the government, by the people, by every businessman or labor leader, and by every newspaper. For we are opposed around the world by a monolithic and ruthless conspiracy that relies primarily on covert means for expanding its sphere of influence—on infiltration instead of invasion, on subversion instead of elections, on intimidation instead of free choice, on guerrillas by night instead of armies by day. It is a system which has conscripted vast human and material resources into the building of a tightly-knit, highly-efficient machine that combines military, diplomatic, intelligence, economic, scientific and political operations.

require: 〜を求める、要求する	**monolithic:** 一枚岩の、巨大で堅固な	**covert:** 秘密の、隠された
outlook: 見解、物の見方	**ruthless:** 無慈悲な、非常な	**means:** 手段、方法
tactics: 戦術、戦法	**conspiracy:** 陰謀、謀略	**influence:** 影響、影響力
mission: 使命、任務	**rely on:** 〜を頼りにする、〜に依存する	**infiltration:** 潜入、侵入
labor: 労働者の、労働組合の	**primarily:** 主として、第一に	**instead of:** 〜の代わりに

ジョン・F・ケネディ
「大統領とメディア」

　こうしたことから、視点の転換、戦術の転換、任務の転換が政府により、国民により、個々の実業家や労働運動指導者により、そして新聞各紙によってなされることが必要になってきます。なぜなら、世界の至る所でわれわれに敵対しているのは、主として非公然活動に頼りながら勢力範囲を広げようとしている一枚岩の冷酷な陰謀組織だからです——彼らが頼るのは侵略ではなく侵入、選挙ではなく政権転覆、自由選択ではなく脅迫、昼間の軍隊ではなく夜間のゲリラ部隊です。それはひとつのシステムとして、膨大な人的・物質的資源を集め、固い結束と高い効率性を備えた機関の構築に投入してきましたが、その機関では軍事、外交、諜報、経済、科学、政治などの活動が一体となっているのです。

invasion: 侵略	**conscript:** ～を徴兵する	**machine:** 機関、機構
subversion: 破壊、転覆	**vast:** 莫大な、巨大な	**combine:** ～を結びつける、結合させる
election: 選挙	**resources:** 資源	**diplomatic:** 外交の、外交上の
intimidation: 脅迫、威嚇	**tightly-knit:** 堅く編まれた、結束の固い	**intelligence:** 諜報活動の、情報機関の
guerrilla: 非正規軍、ゲリラ兵	**highly-efficient:** 高効率の、高性能な	**operation:** 活動、作戦行動

John F. Kennedy: The President and the Press

■敵の機関は戦時統制の下で冷戦を指揮している

　Its preparations are concealed, not published. Its mistakes are buried, not headlined. Its dissenters are silenced, not praised. No expenditure is questioned, no rumor is printed, no secret is revealed. It conducts the Cold War, in short, with a wartime discipline no democracy would ever hope or wish to match.

　Nevertheless, every democracy recognizes the necessary restraints of national security, and the question remains whether those restraints need to be more strictly observed if we are to oppose this kind of attack as well as outright invasion.

---

preparation:
用意、準備
publish:
〜を発表する、公表する
bury:
〜を隠す、葬り去る
headline:
〜を大見出しにする、大々的に報じる

dissenter:
反対する人、異論のある人
silence:
〜を黙らせる、沈黙させる
praise:
〜をほめる、称賛する
expenditure:
費用、出費
question:
〜を問題にする、疑問視する

rumor:
うわさ、風評
print:
〜を活字化する、公刊する
reveal:
〜を暴露する、明らかにする
conduct:
〜を指揮する、指導する
the Cold War:
冷戦

ジョン・F・ケネディ
「大統領とメディア」

　その機関の下工作は隠され、公表されません。その失敗は闇に葬られ、記事の見出しを飾ることはありません。反対者は口を封じられ、称賛されることはありません。支出が疑問視されることはなく、うわさが公刊されることもなく、秘密が暴露されることもありません。要するに、その機関は、民主主義国家であれば適合したいともしようとも決して思わないような戦時統制の下で冷戦を指揮しているのです。

　しかし、すべての民主主義国家は国の安全保障上の規制が必要だということは認めていますから、あからさまな侵略行為と同じように、この手の攻撃にも立ち向かおうというのであれば、そうした規制はもっと厳格に守られるべきなのか、という疑問が残ります。

---

in short:
手短に言えば、要するに
wartime:
戦時下の、戦時中の
discipline:
規律、統制
democracy:
民主主義、民主主義国

match:
〜に調和する、適合する
recognize:
〜を認める、受け入れる
necessary:
必要な、必然的な
restraint:
制限、抑制

remain:
そのままである、残る
strictly:
厳しく、厳格に
A as well as B:
BはもちろんAも
outright:
明白な、あからさまな

John F. Kennedy: The President and the Press

■今は平和と危機が共存する時代

That question is for you alone to answer. No public official should answer it for you. No governmental plan should impose its restraints against your will. But I would be failing in my duty to the nation in considering all of the responsibilities that we now bear and all of the means at hand to meet those responsibilities, if I did not commend this problem to your attention and urge its thoughtful consideration.

And should the press of America consider and recommend the voluntary assumption of specific new steps or machinery, I can assure you that we will cooperate wholeheartedly with those recommendations.

Perhaps there will be no recommendations. Perhaps there is no answer to the dilemma faced by a free and open society in a cold and secret war. In times of peace, any discussion of this subject and any action that results are both painful and without precedent. But this is a time of peace and peril which knows no precedent in history.

public official: 官僚、役人 **fail in:** 〜に失敗する、〜をし損なう **duty:** 義務、責務 **consider:** 〜を考察する、考慮する **bear:** 〜を負う、引き受ける	**at hand:** 手元に、手近に **will:** 意志 **commend A to B:** AがBを受けられるようにする **attention:** 注意、注目 **urge:** 〜を呼びかける、奨励する	**thoughtful:** 思慮深い、熟考された **consideration:** 考察、熟考 **recommend:** 〜を勧める、提言する **voluntary:** 自発的な、自主的な **assumption:** 引き受け、受け入れ

ジョン・F・ケネディ
「大統領とメディア」

　その疑問に答えられるのは皆さんだけです。いかなる役人も皆さんの代わりに答えるべきではありません。政府の政策が皆さんの意志に反して規制をかけるというのはあってはならないことです。ですが、今われわれが負うあらゆる責任と、その責任を果たすために手にしている手段のすべてを考慮すると、この問題に皆さんの注目を集めて熟慮を強く促すということを私がしなかったとしたら、私は国家に対する責務を怠ることになるでしょう。

　もしアメリカのメディアが具体的で新しい方法や仕組みの自主的導入を検討し提案してくださるというのであれば、われわれはそうした提案に心から協力するということを、私は皆さんにお約束できます。

　おそらくそうした提案は思い浮かばないでしょう。秘密裏の冷戦において、自由で開かれた社会が抱えるジレンマへの答えは、おそらく存在しないのでしょう。平時においては、こうした問題についてのいかなる議論も、議論の結果としてのいかなる行動も、苦痛であり、かつまた前例のないものです。しかし、今は平和と危機が共存する時代であり、歴史に前例の見当たらない時代なのです。

specific: 明確な、具体的な	**wholeheartedly:** 心から、心底から	**subject:** 主題、テーマ
step: 手段、措置	**recommendation:** 提案、提言	**result:** 結果的に生じる、起こる
machinery: 機構、機関	**dilemma:** ジレンマ、板ばさみ	**painful:** 痛みを伴った、つらい
assure...that: …に〜であると断言する	**face:** 〜に直面する、ぶつかる	**precedent:** 前例、先例
cooperate: 協力する、協働する		

John F. Kennedy: The President and the Press

■大統領は国民の厳しい目を恐れてはならない

　It is the unprecedented nature of this challenge that also gives rise to your second obligation, an obligation which I share. And that is our obligation to inform and alert the American people, to make certain that they possess all the facts that they need and understand them as well—the perils, the prospects, the purposes of our program, and the choices that we face.

　No President should fear public scrutiny of his program; for from that scrutiny comes understanding and from that understanding comes support or opposition. And both are necessary. I am not asking your newspapers to support an Administration, but I am asking your help in the tremendous task of informing and alerting the American people; for I have complete confidence in the response and dedication of our citizens whenever they are fully informed.

---

unprecedented:
前例のない、前代未聞の
give rise to:
〜を引き起こす、〜につながる
obligation:
義務、責任
share:
〜を共有する、共に負う

inform:
〜に知らせる、情報を与える
alert:
〜に警告する、注意を喚起する
make certain that:
〜であることを確認する
possess:
〜を所有する、保有する

prospect:
見通し、展望
fear:
〜を恐れる、怖がる
scrutiny:
精密な調査、精査

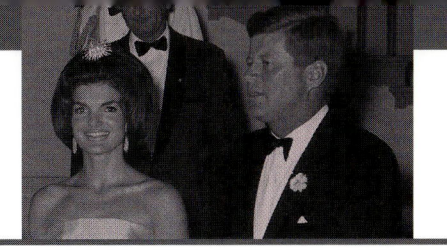

ジョン・F・ケネディ
「大統領とメディア」

　この問題の、前例がないという特質は、皆さんに第二の責務をもたらすことにもなるのですが、私もその責務を等しく負っています。それは、アメリカ国民に情報を伝え、警告を発するという責務であり、必要なすべての情報を国民が確実に入手し、理解もできるようにするという責務です──必要なのは、危機や展望、政策の目的や目の前の選択肢についての情報です。

　いかなる大統領も自分の政策が国民の厳しい目にさらされるのを恐れてはなりません。その厳しい目から理解が生まれ、その理解から支持や反対が生まれるのです。どちらも必要なものです。私は、皆さんの新聞が政権を支持するように求めているのではなく、アメリカ国民に情報を伝え、警告を発するという途方もない大仕事に手を貸してくださることを求めています。なぜなら、十分な情報を得た際の国民の反応と献身に、私は常に全幅の信頼を置いているからです。

---

support:
①支持、支援　②〜を支持する、支援する
opposition:
反対、敵対
tremendous:
ものすごい、非常に大きい

task:
任務、課題
complete:
完全な、全面的な
have confidence in:
〜を信用している、〜に信頼を置く

response:
反応、応答
dedication:
献身、専念
whenever:
〜するときはいつでも
fully:
完全に、十分に

John F. Kennedy: **The President and the Press**

■ この政権は誤りに率直でありたい

I not only could not stifle controversy among your readers, I welcome it. This Administration intends to be candid about its errors; for, as a wise man once said, "An error doesn't become a mistake until you refuse to correct it." We intend to accept full responsibility for our errors, and we expect you to point them out when we miss them.

Without debate, without criticism, no Administration and no country can succeed and no republic can survive. That is why the Athenian lawmaker Solon decreed it a crime for any citizen to shrink from controversy. And that is why our press was protected by the First Amendment—the only business in America specifically protected by the Constitution—not primarily to amuse and entertain, not to emphasize the trivial and the sentimental, not to simply "give the public what it wants," but to inform, to arouse, to reflect, to state our dangers and our opportunities, to indicate our crises and our choices, to lead, mold, educate and sometimes even anger public opinion.

---

controversy: 論争、議論	**point...out:** …を指摘する	**lawmaker:** 立法者、立法府の議員
candid: 率直な、遠慮のない	**criticism:** 批判、批評	**Solon:** ソロン ▶古代アテネの立法家で、アテネ民主化の基礎を築いた。ギリシャ七賢人のひとり。
refuse to do: 〜することを拒む、拒絶する	**republic:** 共和国	
correct: 〜を正す、訂正する	**That is why:** そういうわけで	**decree A B:** 法的にAをBとする
expect...to do: …が〜することを期待する	**Athenian:** アテネの、アテネ人の	**crime:** 犯罪、罪

ジョン・F・ケネディ
「大統領とメディア」

　私は、皆さんの読者間の論争を封じることができないばかりか、むしろ歓迎します。この政権は誤りに率直でありたいと思います。かつてある賢人が言ったように、「誤りが過ちとなるのは、それを正すのを拒否したときである」からです。われわれは、誤りには全責任を負うつもりですし、われわれが誤りを見逃したときには皆さんが指摘してくださることを期待しています。

　討論もなく批評もないのでは、いかなる政権や国も成功することはできませんし、いかなる共和国も存続できません。それゆえに、アテネの立法家ソロンは、市民が論争にしり込みするのは犯罪だと定めたのです。そして、だからこそ、わが国のメディアは米国憲法修正第1条により保護されたのですが——憲法で明確に保護された、アメリカで唯一の産業です——それは、主に気晴らしや娯楽を提供するためではなく、些細なことや感傷的な話を大げさに取り上げるためでもなく、ただ「大衆が求めるものを与える」ためでもなく、われわれをとりまく危険や機会を伝え、呼びかけ、映し出し、明言するためであり、われわれをとりまく危機と選択肢を示し、世論を導き、形成し、教育し、時にはあおりさえするためだったのです。

---

shrink from:
〜を嫌がる、〜にしり込みする
protect:
〜を保護する、守る
specifically:
明確に、はっきりと
the Constitution:
憲法
amuse:
〜を面白がらせる、楽しませる

entertain:
〜を楽しませる、もてなす
emphasize:
〜を強調する、力説する
the trivial:
つまらないこと、些細なこと
the sentimental:
感傷的なこと、情緒的なこと
arouse:
〜を目覚めさせる、喚起する

reflect:
〜を反映する、映し出す
state:
〜を述べる、言葉にする
indicate:
〜を示す、示唆する
mold:
〜を形成する、形づくる
anger:
〜を怒らせる、〜の怒りをかう

John F. Kennedy: The President and the Press

■可能な限り完全な形の情報を皆さんに提供する

    This means greater coverage and analysis of international news, for it is no longer far away and foreign but close at hand and local. It means greater attention to improved understanding of the news as well as improved transmission. And it means, finally, that government at all levels must meet its obligation to provide you with the fullest possible information outside the narrowest limits of national security—and we intend to do it.

mean: 〜につながる、結果として〜になる **coverage:** 報道、報道範囲	**analysis:** 分析、解析 **no longer:** もはや〜ない **be far away:** ほど遠い、遠く離れている	**foreign:** 外国の **close:** 近い、接近した **local:** 地元の

ジョン・F・ケネディ
「大統領とメディア」

　このことは、国際ニュースの報道や分析をこれまで以上に充実させるということにつながります。なぜなら、それはもはや、はるかな異国の話ではなく、すぐ近くのローカルな話だからです。また、このことは、情報の伝達性の改善はもとより、報道に対する理解力の向上にも、これまで以上に配慮しなければならないということを意味します。そして最後に、あらゆるレベルの行政府が、国家安全保障上の最低限の規制に引っ掛からない範囲で、可能な限り完全な形の情報を皆さんに提供するという義務を果たさなければならないということを意味します——そして、われわれはそうするつもりです。

---

improve:
〜を改良する、改善する
transmission:
伝達、伝送
finally:
最後に

provide A with B:
AにBを与える、提供する
possible:
可能な、できる限りの

outside the limits of:
〜の制限外で
narrow:
狭い、限られた

John F. Kennedy: The President and the Press

■三大発明がわれわれにもたらしたもの

It was early in the 17th Century that Francis Bacon remarked on three recent inventions already transforming the world: the compass, gunpowder, and the printing press. Now the links between the nations first forged by the compass have made us all citizens of the world, the hopes and threats of one becoming the hopes and threats of us all. In that one world's effort to live together, the evolution of gunpowder to its ultimate limit has warned mankind of the terrible consequences of failure.

And so it is to the printing press—to the recorder of man's deeds, the keeper of his conscience, the courier of his news—that we look for strength and assistance, confident that, with your help, man will be what he was born to be: free and independent.

Francis Bacon:
フランシス・ベーコン ▶1561-1626。イギリスの哲学者、神学者、法学者。
remark on:
〜について発言する、論評する
recent:
最近の、少し前の
invention:
発明

transform:
〜を一変させる、変えてしまう
compass:
羅針盤、コンパス
gunpowder:
火薬
printing press:
印刷機、印刷術
link:
結びつき、きずな

forge:
〜を構築する、つくり上げる
evolution:
発展、進化
ultimate:
究極の、極度の
warn A of B:
AにBを警告する、予告する
mankind:
人類

ジョン・F・ケネディ
「大統領とメディア」

　フランシス・ベーコンが当時すでに世界を変えつつあった近世の三大発明について述べたのは、17世紀の初めのことでした。三大発明とは羅針盤、火薬、印刷術のことです。まず羅針盤によって構築された国家間のつながりは、いまやわれわれ全員を世界市民とし、ある人の希望と恐怖はわれわれ全員の希望と恐怖になっています。ひとつになったその世界が共存の道を探るなか、極限まで改良された火薬が、過ちが招きうる恐ろしい結果を人類に警告してきました。

　そこで、印刷術に──人類の活動の記録係、良識の番人、情報の運び手に──われわれは力と援助を求めるのですが、皆さんの助けがあれば、人間が生まれながらにそうあるべき存在、すなわち自由で独立した存在になれると信じています。

（訳　小笠原楷）

terrible: 恐ろしい、ひどく悪い	**keeper:** 管理人、番人	**strength:** 強さ、力
consequences: 結果、成り行き	**conscience:** 良心、道義心	**assistance:** 援助、支援
failure: 失敗	**courier:** 配達係、運び人	**be confident that:** 〜であると確信している
recorder: 記録者、記録係	**look for:** 〜を求める、期待する	**independent:** 独立した、自立した
deed: 行為、行動		

■ CD ナレーション原稿

付録のCDでは、オープニングとエンディングに英語のナレーションが入っているほか、各記事の冒頭でタイトルが読み上げられています。それらの内容をここに示します。

■ Track 01
Thank you for buying *The Speeches of Caroline Kennedy and John. F. Kennedy.* We will kick off with a CNN report, reflecting on what the nomination of Caroline Kennedy for US Ambassador to Japan means. Here is "'Royal' Diplomacy."

■ Track 07
Next up is Caroline Kennedy's address at the 50th anniversary ceremony of the March on Washington in August 2013: "The Water Flows On, But the River Remains."

■ Track 11
Well, next is the statement Caroline Kennedy made before the Senate Foreign Relations Committee: "Humbled to Carry Forward Father's Legacy."

■ Track 21
And next up is the famous 1961 Inaugural Address of John F. Kennedy.

■ Track 33
And finally, John F. Kennedy's speech before the Bureau of Advertising of the American Newspaper Publishers Association in April 1961: "The President and the Press."

■ Track 46
And that brings us to the end of this CD.
See you in our next issue!

---

kick off:
始める、開始する
reflect on:
〜を熟考する、検討する
next up:
次の番、次にくるもの
address:
(公式の)あいさつ、演説
anniversary:
記念日、周年

ceremony:
儀式、式典
statement:
意見陳述、声明
foreign relations:
外交関係
committee:
委員会
famous:
よく知られた、有名な

bureau:
局、事務局
advertising:
広告、宣伝
association:
協会、連合
bring A to B:
AをBまで運ぶ、連れて行く
issue:
発行物、刊行物

電子書籍版（PDF）の入手方法

本書のご購入者は、下記 URL から申請していただければ、本書の電子書籍版(PDF)を無料でダウンロードすることができるようになります。PDF ファイルが開けるタイプのポータブルオーディオプレーヤーやスマートフォンに音声データとともに入れておけば、外出先に本を持ち歩かなくても内容を文字で確認することができて便利です。

申請サイト URL
http://www.asahipress.com/scjfk/

【注意】
● PDF は本書の紙面を画像化したものです。電子書籍版に音声データは含まれません。音声データは本書付録の CD をご利用ください。
● 本書初版第1刷の刊行日（2013年11月25日）より1年を経過した後は、告知なしに上記申請サイトを削除したり電子書籍版（PDF）の配布をとりやめたりする場合があります。あらかじめご了承ください。

［生声CD＆電子書籍版付き］
【対訳】キャロライン＆ジョン・F・ケネディ演説集

2013年11月25日　初版第1刷発行
2013年12月10日　　　第2刷発行

編　集	『CNN English Express』編集部
発行者	原　雅久
発行所	株式会社 朝日出版社
	〒101-0065 東京都千代田区西神田 3-3-5
	TEL: 03-3263-3321　FAX: 03-5226-9599
	郵便振替 00140-2-46008
	http://www.asahipress.com (HP) http://twitter.com/asahipress_com (ツイッター)
	http://www.facebook.com/CNNEnglishExpress (フェイスブック)
印刷・製本	凸版印刷株式会社
DTP	有限会社 ファースト
音声編集	ELEC（財団法人 英語教育協議会）
表紙写真	ロイター / アフロ
装　丁	岡本 健 + 遠藤勇人（岡本健+）

Ⓒ Asahi Press, 2013 All rights reserved. Printed in Japan　ISBN978-4-255-00755-7 C0082
CNN name, logo and all associated elements TM and Ⓒ 2013- Cable News Network. A TimeWarner Company. All rights reserved.